SNSで何から手をつけていいかわかりません

SNSマーケティングの教科書

SNSコーチング・コンサルタント
荻原朝飛

SOGO HOREI Publishing Co., Ltd

はじめに

「投稿するネタがない……」

「そもそもセンスがない……」

「SNSを活用して売上を伸ばしたいが、何から手をつけていいかわからない……」

多くの人がSNSに対して、このような漠然とした苦手意識をもっていると思われます。

一昔前まで、SNSは気軽に自分のことを発信し、同じような趣味嗜好の人とつながるためのコミュニケーションツールでしかありませんでした。

しかし、現在は他者との交流だけではなく、情報取得や買い物、学び、仕事の受注までもSNSを利用して行われています。

また、日本におけるSNSの利用者は2027年には1億1,300万人にも達すると総務省「令和5年情報通信に関する現状報告の概要」では予測されています。日本人の人口は1億2,000万人前後といわれているため、ほとんどの人がSNSを使用する計算になります。

つまり、今以上にSNSが日常に入り込むことは必然であり、ただ自分や企業のことを無策に発信しているだけで

は有象無象の情報に埋もれ、届けたい人に届かない恐れが十分にあるのです。

そのため、SNSを有効に活用するマーケティングを学ぶことは個人の発信に対しても、ビジネスでの発信に対しても必須といえます。

本書は、時代に取り残されないための教養としてのSNSマーケティングを解説した書籍です。

私はもともとパソコンやプログラミングにも疎く、SNSにも興味を抱きませんでした。そんな私だからこそお伝えできる、カンタンなSNSマーケティングに関する書籍があってもよいのではないかと思い、本書を書いた次第です。

はじめまして、SNS運用のコーチングをしている荻原朝飛と申します。

私は、自分自身がSNSの苦手意識をもっていた経験を武器に「SNSが超苦手な人でもできるマーケティング」や「やさしいSNS活用集客術」を教えています。今までに累計10,000人以上の前で講演を行い、1,000人以上の方にSNSコンサルティングをしてきました。

その中には、SNSのアプリをインストールしていない高齢の方や地方の飲食店で集客に困っている方、SNSをやりたいが継続できない方、SNSを毎日投稿しているがうまく売上に結びつかない中小企業など多種多様な立場のさまざまな人たちがいます。

皆さんが共通してもっていたSNSの大きな誤解。

「フォロワーは多くないと意味がない」

「バズればいい」

「他の人とは違う独自のセンスが必要」

「毎日投稿しないといけない」

このようなSNSの誤解から、なかなかSNSに取り組めない方や間違った方針で進めている方が多くいました。

SNSマーケティングでは、まずSNSでうまくいっている企業や人を分析し、自分に落とし込んで、そこから自社や個人のキャラクターを投稿に乗せていくことが重要です。

「分析→自分に落とし込む→継続」という基本ができれば、仮にSNSという媒体が違う媒体に取って代わる時代が来たとしても、基本が身についているあなたは必ず生き残れます。

SNSマーケティングを学びながら、時代に取り残されない処世術を知ってもらえれば幸いです。

本書は、SNSの使い方、SNSマーケティングなどの基本から、企業の売上やファンを生むSNS活用術、投稿を継続する仕組みまでをお伝えします。

無料ではじめられるSNSで楽しみながら、成功が形で表れますように。

ページをめくって、大きな一歩を踏み出そう！

荻原朝飛

はじめに ······ 2

第 1 章

ビジネスはSNSで加速する SNSマーケティングの基本

| なぜSNSマーケティングが重要なのか ······ 10 |
| SNSマーケティングとは？ ······ 14 |
| SNSマーケティングの活用事例 ······ 21 |
| SNSマーケティングの誤解 ······ 25 |
| SNSのそれぞれの特徴とユーザー層 ······ 30 |
| SNSの基本の使い方 ······ 37 |
| SNSをビジネスで活かす2つのカギ ······ 44 |

第2章

フォロワーを増やして、覚えてもらう ための5つのステップ

SNSでフォロワーを増やす方法 ———————————————— 48

成功モデルを分析して、取り入れる ———————————————— 51

ステップ1 フォロワーを獲得するためのアカウントの
基本設計方法 ————————————————————————— 54

ステップ2 フォロワーを獲得するための投稿文章術 ———————— 58

ステップ3 フォロワーを獲得するための投稿写真と動画 ———— 61

ステップ4 フォロワーを獲得するためのハッシュタグの
つけ方 ————————————————————————————— 64

ステップ5 各SNSの特徴を活かすオリジナル投稿術 ———————— 71

成果につながるSNSマーケティングの鉄則 —————————————— 76

もう困らない！　さまざまなSNSの鉄板テンプレート —————————— 80

フォロワーよりも大切な価値がある口コミの力 ————————————— 84

第3章

ファンベース SNS マーケティングで
大切な「人」の力

ファンがファンを呼ぶファンベースの考え方 88

ファンベース × SNS マーケティング 93

フォロワーをファンに変える！ SNS の活用術 96

ファンをコアファンに変える！ SNS の活用術 104

コアファンを増やす心理学 109

コアファンのための SNS の活用術 116

バズは一瞬、売れるは継続 124

第4章

コアファンを掴む投稿が継続できる
続ける仕組みのつくり方

昨日のやる気が今日出てこない…… 128

やる気は運！　続ける仕組みの8つのカギ 135

SNS モチベーションの10の高め方 143

SNS疲れを予防する ……………………………………………………… 153
「めんどくさい」に隠れた金脈を掘り起こそう ……………………… 160
アンチが出てきたのは「売れた証拠だ！」で乗り切ろう ………… 163

誰も教えてくれないSNSで飛躍するための正しい活用方法

絶対マネしてはいけないSNS運用術 ………………………………… 170
SNSでは中の人の人間らしさを出していく ………………………… 180
SNSの組み合わせでファンを増やす方法 …………………………… 184
ファンが喜ぶ、YouTube・インスタライブの台本の
　つくり方 ……………………………………………………………… 189
成果を確認する数字の見方 …………………………………………… 196
これからのSNSマーケティングの動向を考える …………………… 200

おわりに ……………………………………………………………… 204

執筆協力：福永太郎
装丁・本文デザイン：木村勉
本文DTP：横内俊彦
校正：新沼文江

第1章

ビジネスは
SNSで加速する
SNSマーケティングの基本

なぜSNSマーケティングが重要なのか

増え続けるSNSの利用者

　個人または企業が商材（商品やサービス）を効率的に売るには、マーケティング活動が欠かせません。

　そのためには、まずマーケティングの言葉の意味をしっかりと知ることが必要です。アメリカのフィリップ・コトラーは次のようにマーケティングを定義づけしました。

　「マーケティングとは、標準市場を選択し、優れた価値の創造、伝達、提供を通じて、**顧客を獲得、維持、育成する技術である**」

　つまり、マーケティングは商材をユーザーに届けるための**仕組みをつくる**ことを意味します。**仕組みをつくるためには、市場を把握しなければなりません。**

　では、メインの市場となる現在の情報発信の主流はどこなのでしょうか。

　かつてはテレビやラジオ、雑誌といったマスメディアが情報発信の主流でしたが、昨今はSNSによる情報発信が日常的に行われており、その影響力は見過ごせなくなりました。総務省の令和5年の調査データによると、インター

ネットを利用する割合は86.2％で、そのうちの80.8％が SNSを利用しているとことがわかりました。

さらに、SNSを利用している割合は、ほぼすべての年齢階層で令和4年より微増という結果になっています。

また、世界のSNSの利用者は2022年の45億9,000万人から2028年には60億3,000万人という予測も出ています。

このように、多くの人がSNSに時間を費やしており、将来的にもそれは増加する見込みがあるのです。

個人や企業のこと、そして自分たちがもっている商材を知ってもらうためにSNSを利用しない手はないといえます。

SNSがモノを買う場所になっている

SNSの登場によって消費者のモノを買う行動にも変化が起きています。

以前は店頭情報やテレビや新聞などのマスメディア広告などを参考にして、消費者は購入をしていました。

しかし、インターネットの普及により、24時間いつでも気になる情報を調べられることが当たり前になります。

そして、GoogleやYahoo!といった検索エンジン（インターネット上の情報をキーワードで探すシステム）で「化粧品おすすめ」「美容室東京おすすめ」「病院評判」といったキーワードで検索し、口コミや自分に合ったサービスを購入前

に比較や検討を行うことが一般的になりました。

　最近ではインターネットだけでなく、**SNS によって比較検討する動きが増えています。**

　SNS 上で調べたいキーワードの頭に「#」（ハッシュタグ）をつけて検索することをタグるといい、たとえば、Instagram で「# 誕生日ギフト」「# 日焼け止め」「# 新宿カフェ」とタグると、関連する投稿が無数に出てきます。

　誰もが気軽に情報発信できる SNS には、ユーザーのリアルな体験談が溢れています。**自分の趣味嗜好に近いアカウントの投稿は、インターネット検索よりも信頼性が高い情報と捉える人も多い**です。

　SNS の利用習慣のある 20 〜 40 代の女性を対象に行った調査（ulu コンサルタンツ「SNS がライフスタイルに与える影響」に関する調査）では、約 7 割が商品を買う前に SNS で情報を収集していることがわかっています。SNS を利用する人々は、写真や動画を通じて商品の日常的な使用イメージを知れたり、多くの人々の話題になっていたりすることが購買するかどうかのきっかけになっているようです。

　つまり、**コミュニケーションツールとして誕生した SNS は、今や商品の購入を決定する場所にもなっている**のです。

　SNS では多くの商品の口コミや紹介動画が投稿されており、利用者は意識せずとも自然にそれらを目にすること

が多いでしょう。

　SNS を通じて商品の魅力を知り、当初購入の予定がな
かった商品を買うことも、消費者の間で一般的な行動パ
ターンになっています。

　このように、**SNS は消費者の購買行動に大きな影響を与
える重要なプラットフォーム**へと発展しました。企業や個
人事業主にとって、SNS を活用したマーケティングは今や
不可欠な戦略となったのです。

　適切に取り組めば、商材の認知度向上や売上増加など、
さまざまなメリットを得られます。

　ただし、SNS マーケティングは従来のマーケティング手
法とは異なる特性をもつことを理解しておくことが大切
です。

　従来のマーケティングと同じアプローチでは、期待した
成果が得られない可能性があります。

　そのため、成果を出すには **SNS マーケティングとは何
かということを正確に把握する必要がある**のです。

SNSマーケティングとは?

SNSマーケティングを知る

　SNSマーケティングとは、Instagram、X（旧Twitter）、Facebook、TikTokなどのSNSツールを通じて、マーケティング活動を行うことです。

　SNSマーケティングが他のマーケティング手法と大きく異なる点は、SNS自体がコミュニケーションツールであり、発信者の価値、理念、哲学に共感した人が集まることです。

　発信した内容に対して、「役に立ちそう」「親近感がわく」「考え方が好き」といった**好意をもってもらうことで情報の拡散やブランド価値の向上につながります。**

　一昔前は、インターネットで広告に力を入れることが大きな売上につながっていました。

　しかし、スマートフォンを一人一台もち、いつでもどこでもネットを見られる現代では、あからさまな広告に嫌悪感を示す人も増えています。

　むしろ、刺激的な表現で煽られることに不信感を抱き、ステルスマーケティング（消費者に広告であると明らかにせず

に、企業から報酬を受け取り宣伝すること）だと疑います。これは、個人や企業の信用やブランドイメージへの悪影響を招くことにもつながります。

　消費者が信用できる情報をシビアに選別している中、**大量の情報に埋もれずに信頼を獲得し、情報を届けることを実現できるのが SNS マーケティング**なのです。

　SNS マーケティングでは不特定多数ではなく、**多様なニーズに合わせた発信ができるため、ブランドとの相性がよいユーザーとつながりやすい**です。

　また、SNS にはユーザーのコメントに「いいね」をして好意を示したり、返信してコミュニケーションを図ったりすることが容易にできる機能が搭載されています。

　そのため、ユーザーとの距離が近いやり取りを行えることで、ブランドへの共感と信頼を得やすくなります。

　ユーザーに選んでもらえるような特別な存在になれるのが SNS マーケティングの強みなのです。

無料でも多くのユーザーに届く

　そもそも、大企業と異なり、広告に多く費用をかけられない個人や中小企業にとっては、大々的な広告を打つこと自体が難しいと思われます。

　チラシやパンフレット、マスメディア広告やネット広告

など、何をやるにしても大きな費用が発生します。

その点、SNS マーケティングで使う、**Instagram、X、TikTok といった SNS はすべて費用をかけなくても運用できるのが大きな特徴**です。

SNS によってはユーザーの興味のある情報をおすすめとして提示する機能もあり、幅広い層に届けられます。

つまり、**広告費が限られていてもすぐにはじめることができ、多数のユーザーにアプローチすることができるのが SNS マーケティング**なのです。

SNS マーケティングの 5 つの手法

なお、SNS マーケティングの手法は大きく分けると 5 つあります。

① SNS 運用

SNS 運用（SNS アカウント運用）とは、公式アカウントを通じて商品情報を発信し、ユーザーとコミュニケーションを取ることで、**商材の認知度やブランドイメージの向上を図る手法**です。

基本的に無料ではじめられるため参入障壁が低く、企業から個人事業主まで幅広く活用されています。

②SNS広告

SNSで広告配信を行う手法です。

どのユーザーに広告を出すかを細かく設定できることが特徴で、ターゲットの年齢、性別、地域だけでなく、興味関心に合わせた**精度の高い配信が可能**です。

ユーザーが広告の内容を広めたいと判断すれば、追加の広告費なしで自然に投稿が拡散されます。広告をきっかけにシェアが広がれば、話題となりニュースでも取り上げられ、効果的な宣伝が期待できるでしょう。

また、コメントや「いいね」といった形で広告へのリアクションを知ることができ、商品改善のヒントにもなります。雑誌やチラシと違い、数千円の少額から試せるため、予算に応じた運用も可能です。

一方、SNSを使わない層へのアプローチができないのがデメリットです。広告を出す際はユーザー層に適したSNSを選択しないと、効果が得られにくくなります。

③SNSキャンペーン

SNSキャンペーンは、SNS上で**ユーザー参加型のプロモーションを実施する手法**です。

応募条件は、自社アカウントの投稿をリツイートやシェアしたり、自社商品の写真にハッシュタグをつけて投稿したりするなどです。

ユーザーの応募条件を達成することを通じて、ブランド認知度の向上と販売促進を図ります。ハガキ応募のような

手間がかからないため、参加のハードルが低いのも魅力です。

キャンペーンが話題を呼べば、短期間で多くの新規フォロワーを獲得できる可能性も高まります。

プレゼントや特典を用意することが実施できるため、インフルエンサーマーケティングと比べてかかるコストを抑えられます。

④インフルエンサーマーケティング

インフルエンサーマーケティングとは、**特定のジャンルで影響力をもつ人物を活用するマーケティング手法**です。

SNS 上で多くのフォロワーをもつ人物に自社の商品やサービスを紹介してもらうことで、認知度向上や購買意欲の増加が期待できます。

インフルエンサーは、時間をかけて構築した信頼関係に基づいて情報を発信します。そのため、信頼を獲得しやすく、商品への興味や購入につながりやすいです。

一方、デメリットとしては費用が高額になりやすい点が挙げられます。料金相場はフォロワー 1 人あたり 2 ～ 4 円程度ともいわれていますが、インフルエンサーによって費用は大きく異なります。

影響力や知名度に応じて費用が高額になる傾向があるため、選択する際はプロモーションの規模を考慮したほうがよいです。

⑤ソーシャルリスニング

ソーシャルリスニングとは、**SNSをはじめとするインターネット上の情報を収集・分析し、自社のビジネスに活用する手法**です。SNSだけでなく、掲示板、口コミサイト、ブログなどの情報も対象になります。

アンケートやインタビューでは企業への遠慮から本音を引き出しにくい面がありますが、ソーシャルリスニングは自然発生した口コミを活用するため、**ユーザーの本音を把握しやすいのが強み**です。

自社に対するイメージや商品の評価や評判を可視化でき、商品開発の改善や戦略立案に役立ちます。

さらに、従来のアンケートと異なり、リアルタイムで情報を収集できるため、進行中のプロモーションの改善にも活用できるのです。

このようにさまざまな手法がありますが、**SNSマーケティングの施策はすべて公式アカウントを利用して行われます**。

SNS広告、キャンペーン、インフルエンサーマーケティングで、公式アカウントに集客しても、アカウントがうまく機能していないと効果は薄いといえます。

SNS運用がSNSマーケティングの基本であり、他の手法を行ううえでも根幹となる施策です。

まずは、アカウント運用に重きを置いて、しっかりと基礎を身につけましょう。

すでにアカウントをもっている人や企業も見直しを行う
ことで、うまく機能していなかったその他の手法が回り出
すかもしれません。

　このSNS運用におけるアカウントの構築方法は第2章で
お伝えします。

　また、SNSマーケティングは適切な手順を踏めば成果が
出るものです。実際に多くの個人や企業が活用し、成果を
上げています。

　そのような**うまくいっている個人や企業を日頃から見る**
ことに、SNSマーケティングで成果を上げるヒントが隠れ
ている場合があります。

SNSマーケティングの活用事例

SNSに取り組んでいる企業の割合

　SNSマーケティングには、大企業から中小企業までさまざまな企業が取り組んでいます。

　2023年に発表された帝国データバンクの調査によると、企業の40.8％が広報や販促ツールとして、SNSを活用していました。

　規模の大きい会社ほど活用している割合が多く、大企業では43.1％、中小企業では40.5％が活用しています。

　企業の発信の目的は「認知度の向上」が67.6％、「商品・サービスのプロモーション」が59.2％、「会社や商品などのイメージの向上」が42.4％、「顧客とのコミュニケーションの促進」が41.2％です。

　この調査結果と今後も**SNSの市場が伸びることを想定すると、まだ取り組んでいない企業または個人は早いうちから取り組んで慣れておいたほうがよい**といえます。

第1章　ビジネスはSNSで加速するSNSマーケティングの基本

成功しているSNSマーケティングを調べる

　ここでは、SNSマーケティングで成果を収めた企業の事例を紹介します。SNSマーケティングの上手な使い方を学びながら、自分や自社に置き換えて考えてみてください。

・洋服の青山【ガールズアカウント】(@aoyama_girls)

　青山商事は紳士服ブランド、洋服の青山の会社ですが、Instagramの発信によりレディースのアイテムの認知向上に役立てています。

　今ドキ女子のためのトレンド情報を発信するフォロワー6.4万人（2024年9月時点）の人気アカウントです。「真似したくなるみんなが学校フォト」「定番プリポーズ」といったテーマで、画像を交えた情報を発信し、男性向けスーツブランドだけのイメージから女性向けのカジュアルな服としても認知してもらうことに成功しています。

・ローソン(@akiko_lawson)

　大手コンビニエンスストアチェーンのローソンは、Xで約843万人（2024年9月時点）という最大規模のフォロワー数を誇る日本の企業です。

　ローソンクルーの「あきこ」というキャラクターが、最新情報をフランクに伝えるスタイルが特徴になっています。「〇〇発売中♪」と「♪」をつけ、非常に親しみやすい投

稿です。広告感をあまり与えず、自社の新商品やキャンペーン情報を届けることで、売上に貢献していると考えられます。

・ラーメンろたす（@ramenrotas）

静岡県駿東郡清水町にあるラーメン屋の YouTube チャンネルは、チャンネル登録者数が約 27 万人もいます。

ラーメン店主が教えるレシピ動画が好評で「半熟煮卵の作り方」「家で簡単に作れる中華そば」「醤油ラーメンの作り方」はいずれも再生数は 300 万回を超えています。視聴者に興味をもたれるような動画を配信することで、ブランドへの信頼やラーメンろたすや店主のファンを獲得しているのです。

動画を視聴することで、オンラインショップでの購入や実店舗での飲食へとつなげています。

・キムチの家（@kimuti.house.jp.ne.co）

1996 年に創業の新潟県の佐渡島にあるキムチの家さんが 2021 年 12 月開設した TikTok アカウントです。

キムチをつくる際に白菜を豪快にカットする動画が話題となり 300 万回以上再生され、10 万件の「いいね」がつきました。

全国から通販サイトに注文が殺到し、TikTok をはじめてから売上は 2 カ月で 40 倍以上に跳ね上がりました。単にキムチの美味しそうな動画を流すのではなく、キムチがで

きるまでのストーリーを見せることで、視聴者から共感と
信頼を得た事例です。

・Riedel Japan

265年以上の歴史を誇るワイングラスの名門ブランド
RIEDEL（リーデル）が運営するRiedel Japan（リーデル・ジ
ャパン）は、12万人のフォロワーをもち、ワイン愛好家に
人気のFacebookのアカウントです。

ワインに合うおすすめ料理や、「特別なワインをより高
いレベルへ引き上げるデカンティングの4つの効果」とい
った豆知識など、ワイン好きが喜ぶ情報を日々発信してい
ます。

Facebookには、オンラインショップで販売されている
ワイングラスの商品写真も掲載されています。画角や背景
にもこだわりがあり、写真そのものが魅力的です。眺める
だけでも楽しいため、広告としての不快感がなく、自然に
受け入れられるのです。視覚的訴求が上手な事例の一つと
いえるでしょう。

このようにSNSマーケティングを上手に活用すること
で、**企業の規模を問わず、自社の認知度や売上貢献、ブラ
ンド価値の向上につなげることができます。**

しかし、成功例がある一方で、全く成果を出せていない
例があるのも事実です。成果が出ない個人や企業の多くは、
SNSマーケティングに対して、大きな誤解をしています。

SNSマーケティングの誤解

SNSを正しく認識する必要性

SNSマーケティングに対して、間違った先入観をもつ人や企業は少なくありません。

その結果、効果の出ない施策に労力を費やし、「SNSをやったけど、認知度向上につながらない……売上につながらない」と断念するケースが後を絶ちません。

SNSマーケティングがうまくいかない原因の大半が、やり方を間違えているからです。

あくまでマーケティングでSNSを活用していることを忘れてはいけません。

SNSをコミュニケーションのツールで用いる場合は「なんとなく」という気軽さで使ってよいのですが、マーケティングで用いる場合は、結果と結びつくように**戦略を立てなければなりません。**

そのためには、まずSNSに抱いている間違った認識を正していく必要があります。

SNSマーケティングの誤解を解く

　ここでは、SNSに抱きがちな5つの誤解を解いていきます。間違えないでほしいことは、これらの「誤解」と呼ばれる現象は、成功した企業が結果的に生み出したものに過ぎず、これから説明する現象を最初から目指すべきではありません。

・フォロワー数を増やすことに注力

　SNSでは、フォローされるとフォロワーのタイムラインに投稿が表示されるようになるため、フォロワーの数が多いほど自社の商材を知られる機会が増えます。

　成果として目に見えやすいフォロワー数は、目標設定として採用されやすいですが、**むやみにフォロワーの数を増やすことに意味はありません。**

　フォロワーとの関係性が希薄で、商材に興味をもたれていなければ、仮に投稿を見られたとしてもその後のアクションにはつながりません。

　フォロワーを増やすことと商品が売れることは別です。数ではなく質を重視し、投稿に好意的なアクションをしてくれるユーザーの数を測れるような指標を設定することが重要なのです。

・バズることを重視

バズるとは、投稿されたコンテンツが急激に拡散され、注目や話題を集めることを指します。

発信した情報がバズると、アカウントの知名度がアップすることが期待されます。フォロワーが増える印象があり、バズることを目指す人も多いです。

しかし、バズるというのは「結果」に過ぎず、バズることに注力することは推奨できません。

バズることを重視し、自社の価値観とはかけ離れた発信をしてしまい、既存のフォロワーからの支持を得られなくなるケースも起こり得ます。

また、**バズることでフォローされても、ほとんど売上にはつながりません。**

バズるような投稿は、興味関心を問わず不特定多数のユーザーに届きます。そこには、自社の商材に興味をもちにくい人も多分に含みます。

バズは起こすものではなく、結果的に起こるものだというスタンスで向き合いましょう。

・インフルエンサーによる拡散

インフルエンサーによって投稿を拡散してもらえると、運用しているアカウントが認知されていなくても、その人のファンに発信を届けられるのがメリットです。

そのため、起用する有名人の知名度に比例して、効果が出やすいと考えがちですが、**大切なのは知名度の高さより**

も商材との相性です。

　趣味嗜好が多様な現代では、有名という理由だけで発信しても、望んでいた結果を得ることは難しいでしょう。

　たとえば、キャンプに興味がない有名人が「このテントおすすめです！」と発信しても説得力がありませんし、むしろその人のファンからブランドに対して、不信感をもたれてしまいます。

　また、インフルエンサーに依頼して拡散してもらう場合、知名度に比例して起用するコストも高額になる傾向があります。

　そのため、仮に多少認知を獲得し、商品のイメージが上がったとしても、費用対効果がよいとはいえません。

　インフルエンサーマーケティングを実施するとしても、日頃から自社の考え方に近い発信をしている人に頼むほうが、低コストで高い効果を得ることができます。

・SNS に必要なセンス

　SNS に不慣れな人が、人気の SNS を見ると「自分にはとうてい思いつかない投稿だ……センスがない自分にはできないかも」と考えてしまいがちです。

　はじめる前から、苦手意識をもち、SNS を敬遠してしまう人も多いでしょう。

　ただ実際は、**SNS にセンスは不要**です。

　大切なのは SNS に対する理解をもつことです。SNS には成功するためのルールや、再現性のあるロジックが存在

しています。

　最初は難しく感じても SNS に対する学習を怠らず、続けていけば自然と上達し、多くの人からすごいと思ってもらえる投稿が自分でもできるようになります。

・SNS は若者が有利

　SNS を日常的に活用することに慣れている若者のほうが得意であり、中高年には SNS は不向きだと思われがちです。

　しかし、実際には SNS に取り組むうえで年齢は関係ありません。

　むしろ、SNS についてあまり詳しくないという立場で臨むほうが、先入観なく取り組めてプラスに働くことがあります。

　SNS に成功するためのルールを習得するのに大切なのは真摯な姿勢であり、若さは必要な条件ではないのです。

　このように SNS は誤解を生みやすいため、正しい SNS の考え方を知ることが大切です。

　また、SNS にはさまざまな種類がありますが、「とりあえず人気だからやってみよう！」と行き当たりばったりで選択すると失敗する可能性が高まります。

　まずは、活用する SNS の特徴を知らなければなりません。

第 1 章　ビジネスは SNS で加速する SNS マーケティングの基本　29

SNSのそれぞれの特徴とユーザー層

SNSユーザーの傾向

SNSごとに、利用しているユーザー層が異なります。

SNSマーケティングで成果を出すには、**自分や自社の商材に興味をもちそうなユーザーが多いSNSを選択する必要**があります。

魚がいないところに糸を垂らしても釣れないのと同じで、顧客になる人がいないSNSに取り組んでいても意味はないのです。

使用するSNSは国内人気が高く、6大SNSと呼ばれるInstagram、X、Facebook、LINE、TikTok、YouTubeの中から選択します。

それでは、自分や自社が集客したいと考えるターゲットとマッチしているかを確認しながら、各SNSの特徴やユーザーの傾向を見ていきましょう。

※なお、この項目で紹介するSNSのユーザー利用率は令和5年度の総務省の調査データを参考にしています。

① Instagram

Instagramは、**写真や動画の投稿を主としたSNS**です。

令和5年度　主なソーシャルメディア系サービス/アプリ等の利用率

LINE

全年代	94.9
10代	95.0
20代	99.5
30代	97.9
40代	97.8
50代	93.7
60代	86.3
男性	93.3
女性	96.5
70代	64.2

Instagram

全年代	56.1
10代	72.9
20代	78.8
30代	68.0
40代	57.2
50代	51.7
60代	22.6
男性	48.8
女性	63.6
70代	9.5

X(旧Twitter)

全年代	49.0
10代	65.7
20代	81.6
30代	61.0
40代	47.3
50代	37.0
60代	19.6
男性	49.9
女性	48.1
70代	7.1

YouTube

全年代	87.8
10代	94.3
20代	97.2
30代	97.1
40代	92.0
50代	85.6
60代	66.3
男性	89.6
女性	85.9
70代	39.9

Facebook

全年代	30.7
10代	10.0
20代	28.1
30代	44.4
40代	39.3
50代	32.6
60代	18.9
男性	32.8
女性	28.5
70代	11.1

TikTok

全年代	32.5
10代	70.0
20代	52.1
30代	32.0
40代	26.8
50代	25.4
60代	13.0
男性	29.2
女性	35.9
70代	3.7

（出典：総務省　令和5年度情報通信メディアの利用時間と情報行動に関する調査報告書）

商品やサービスの魅力を視覚的に伝えられるため、**ファッション、飲食、コスメ、アパレル、インテリア、観光**などといったビジュアルに訴えかけるジャンルとの相性がよいといえます。

全年代の利用率は50％を超え、主要SNSの中で2番目の利用率です。

10〜20代は70〜80％程度、30代は68％、40〜50代は50〜60％程度と**若年層の利用率が高い傾向**にあります。

全年代の利用率は男性48.8％、女性63.6％と**女性の比率が高い**です。そのため、**美容、健康、節約、子育て**といった女性に向けた投稿が好まれます。

② X

X（旧Twitter）は、**140字以内の文章の投稿を主としたSNS**です。

画像や動画も投稿でき、月額有料サブスクリプションに登録すると25,000文字の長文の投稿もできます。

Xは短文で気軽につぶやけることから、**リアルタイムの情報共有が得意**です。そのため、**最新のニュース、交通機関の情報**を見る目的で使う人が多いといえます。**季節のイベントやキャンペーンなどトレンド性のある商材との相性もよい**と考えられます。

利用率は10〜60代の平均が49.0％で、とりわけ20代が81.6％と高いのが特徴です。10代と30代も60％程度と高く、40代は47.3％、50代が37％と年代が上がるほど利

用率は低下しています。

若年層の利用率が多く、マンガやアニメ、ゲームといった商材ともマッチし、企業の新卒採用にも積極的に活用されています。

男性は 49.9％、女性は 48.1％と男女比率は半々です。

しかし、SNS アカウントを多数運用している感覚では、**男性向けの商材の相性がよい印象**であり、メンズ脱毛、男性向け化粧品などの商材も向いています。

また、**富裕層や経営者向けの高額な商材にも強く、物件の無料相談から発注につながるケースも多い**です。

③ YouTube

YouTube は、**世界最大規模の動画共有プラットフォーム**です。

全年代の利用率が87.8％と**利用するユーザー層が幅広く、ターゲットの年代性別を問わない**ことが特徴です。

さらに、グーグル日本法人の発表によると 2023 年 5 月時点で国内における**月間視聴者数は 7,120 万人以上となり、利用者が他の SNS の中でも多い**ことも魅力といえます。

商材のジャンルも問わないので、プロモーションが難しい BtoB 向けのニッチな商材にも活用できます。まさになんでも来いで、私は最強の SNS と認識しています。

④ TikTok

TikTok は、**15 ～ 60 秒程度のショート動画を投稿できる**

SNS です。

現在は、最大 3 分の動画も投稿できるようになりました。動画で視覚的に情報を伝えられるため、**Instagram 同様にファッションやコスメ、飲食**との親和性が高いです。

音楽に合わせて踊る動画や笑えるハプニングなどエンタメ系の動画を楽しんでいるユーザーが多く、他の SNS と比較すると直接的な売上には結びつきにくいです。

売れる商材は**高単価なものはハードルが高く、低単価なものに限られます**。

利用者数は、TikTok の運営会社の ByteDance 日本法人が 2019 年に発表したデータによると 950 万人とされています。日本国内の月間アクティブユーザー数は約 2,700 万人（2023 年 9 月時点）とされており、ユーザー数が急激に増えているといえるでしょう。

利用率は全年代で 32.5％という中、10 代は 70％、20 代で 52.1％と**若年層の利用率が極めて高い**ため、現状では若年層向けの商材と相性がよいです。

⑤ Facebook

Facebook は**実名登録制を原則とした SNS** です。

国内ユーザー数は 2019 年 7 月時点で 2,600 万人と発表されています。

利用率は全年代 30.7％で 30 代が 44.4％、40 代が 39.3％、50 代は 32.6％と**中高年の利用率が高い**です。

ビジネス層の利用が多いため、**BtoB 商材との相性もよ**

いです。なお、男性は32.8％、女性は28.5％と性別による大きな差はありません。

　アジア・太平洋地域・アフリカ圏で人気が高いSNSであり、現在もユーザー数が増えています。そのため、**外国人向けの観光情報などの発信も有効**でしょう。

⑥LINE

　LINEは、**メッセージのやり取りや通話が無料でできるSNS**です。

　全年代の利用率が94.9％と世代も問わず、圧倒的な利用率を誇ります。

　LINEは、友だち（トークを送ることのできる相手）登録した相手とメッセージのやり取りをする用途に使われます。

　そのため、発信できるのは友だち登録しているユーザーのみで、不特定多数ユーザーへの情報拡散をすることはできません。

〈6大SNSの使用ユーザーの特徴〉

	相性のよいジャンル	相性のよい属性
Instagram	ファッション、飲食、観光など	女性
X	トレンド、ニュース	男性
YouTube	問わない	問わない
TikTok	視覚が重視されるジャンル	若年層
Facebook	BtoB商材、外国人向けの観光情報	中高年層
LINE	問わない	問わない

　以上が6大SNSの使用ユーザーの違いとなります。

第1章　ビジネスはSNSで加速するSNSマーケティングの基本　35

ターゲットにしたい相手の性別や、自分や自社の商材のジャンルからどの SNS を活用するかを検討してみてください。

各 SNS の利用者は増加傾向

　なお、SNS の利用率は全年代で令和4年は80.0％、令和5年では80.8％と利用状況は変わらないという結果でした。

　ただし、個別の SNS で令和4年と令和5年の利用率を比べると、Instagram は50.1％が56.1％、X は45.3％が49％、YouTube は87.1％が87.8％、TikTok は28.4％が32.5％、Facebook は29.9％が30.7％、LINE は94％が94.9％と**各SNS の利用率は増加傾向にあり、今後の動向次第では狙えるユーザーの幅が広がる**可能性が十分あります。

　ここで紹介した各 SNS のユーザーの傾向はあくまで現在のものです。TikTok は、日本では2017年に開始された比較的新しいサービスであり、主に若年層が利用していますが、今後は上の世代にも支持が広がる可能性があります。

　ユーザー層の変化に伴い、選択する SNS や作成するコンテンツの方向性も調整が必要となるでしょう。

　SNS のニーズの変化を常に注視し、適切に対応していくことが重要です。

SNSの基本の使い方

それぞれの使い方を知る

　自分や自社の商材に合うSNSを選んでも、各ツールをどのように活用すればいいのか迷うと思います。

　ここでは各SNSの基本的な使い方を説明します。

① Instagram

　Instagramは情報をシェアするような機能はないため、**認知拡大はそこまで得意ではありません。**

　一方で、視覚的なアピールで、発信者のライフスタイルを直感的に伝えやすく、親近感をもってもらいやすいです。

　そのため、**ブランドへの愛着を育み、長期的なファンを獲得する**用途に向いています。

　また、Instagramでは、押さえておきたい3つの投稿機能があります。

・フィード

　主にフォローしているアカウントやおすすめに表示されます。フィードはアカウントのメイン画面に表示されるため、**アカウントの世界観を表現**することに使えます。ター

ゲットのニーズに応えるような配置にすれば、フォローしてもらいやすくなるでしょう。

・リール

最大90秒のショート動画を投稿できる機能です。リールは**フォロワーを増やす**ために使います。

Instagramはシェア機能がありませんが、リールはリールタブ（投稿されたリールを見る専用のタブ）、発見タブ（ユーザーの興味関心に基づいた投稿を自動で表示するタブ）に表示されるため、フォロワー以外のユーザーからの認知が獲得できます。

・ストーリーズ

24時間限定の写真や動画を投稿できる機能です。**ストーリーズは、フォロワーとのコミュニケーション**に使います。

ユーザーに2択の質問ができるアンケート機能があり、「新商品はもう飲みましたか？」「ふるさと納税はもうしましたか？」といった質問をすることができます。イベントやキャンペーンの告知にも最適です。

また、Instagramにはライブ配信ができる機能も搭載されており、フォロワーと濃密なコミュニケーションを取るために使えます。

② X

Xには、他のユーザーの投稿をシェアする「リポスト」機能や、興味のあるトピックをおすすめのタイムラインに表示する機能があるため、**拡散性が非常に高く、認知度を拡大する用途**に適しています。「簡単レシピ」「便利グッズの紹介」「面接合格のコツ」など、ユーザーに役立つ情報や関心のある情報を発信することで、投稿が拡散され、認知度の向上につながります。また、「夏だからかき氷食べたい！」「これかわいい〜」などの**共感できるような日常の出来事を発信**することで、ユーザーから親近感を抱いてもらえます。

リアルタイムの情報が拡散されやすいため、**話題のトレンドや季節のイベントに合わせた投稿をすることでサービスやブランドを盛り上げる**こともできます。

このように**商材の情報を定期的に発信し、ブランドの情報をまとめて伝える**プラットフォームとしても機能します。

③ YouTube

YouTubeではチャンネルを開設することで動画が投稿できるようになります。

自分の動画と近い内容の動画が関連動画として表示されることで、認知を広げることができます。「マッサージ師が教える足つぼのやり方」「税理士が教えるふるさと納税の確定申告のやり方」といった**自分の強みと絡めた有益な動画を発信することで、認知やチャンネル登録者を獲得す**

るような使い方ができます。

そして、動画により視覚と聴覚でアプローチでき、動画によっては10分以上の長時間視聴してもらえるため、**商材に対する理解度を深めたり、好感度を上げたりする用途**にも向いています。

Xでは過去の投稿は改めて見返されにくいですが、**動画は投稿直後だけでなく、永続的に見られる可能性があるため資産にもなります。**

また、自社の商品の使い方や取り扱い説明書的な内容は再生数につながらなくても、使っているイメージがわいたり、実際に商品を買ってくれたりした人にも有益な内容になります。

YouTubeはSNSとして優秀ですが、動画の制作にはノウハウが必要で、外部に発注する場合は予算が必要になります。難易度が高いため、基本的には他のSNSに慣れてから使うのがよいといえます。

④ TikTok

TikTokは、**情報の拡散性が高いのが特徴で**、フォローしていないユーザーにもおすすめ動画が表示されるため、フォロワーが少なくても幅広いユーザーに投稿を届けることができます。

エンタメ系の発信が好まれるため、**面白い切り口の発信をすることで認知拡大**につながります。美容室のアカウントであれば、「ボサボサだった人がこんなにキレイになり

ました〜」という感じでビフォーとアフターを見せるなどのイメージです。

トレンドの移り変わりが非常に激しいですが、トレンドに乗ることで情報の拡散を期待できます。**ニーズを見極めた動画を作成**して投稿することが大切です。

⑤ Facebook

Facebookでは、公式アカウントにあたる、Facebookページで情報発信をする使い方が基本です。

主に仕事や学校などリアルな関係性を基盤に利用されており、匿名性のSNSに比べて信頼性が高いです。匿名性のSNSより安心感を与えやすいため、**コアなユーザーとの関係を深めていく施策にも向いています。**

また、企業の公式情報発信と相性がよく、**企業の姿勢を発信する場**として機能します。社会貢献活動などの取り組みを発信することで企業イメージの向上につなげることができ、社員紹介、IR情報を提供することで透明性をアピールすることにも使えます。

一方で、アカウントをフォローしていないユーザーの投稿が表示されにくく、**幅広いユーザーへの認知拡大には不向き**です。

Instagramと同じMetaが運営するSNSで、**フォロワーを獲得する場合はリール動画を配信することが有効**です。

第1章　ビジネスはSNSで加速するSNSマーケティングの基本　41

⑥LINE

LINE は、他の SNS のように認知のために利用するわけではなく、自分や自社に興味をもつユーザーとコミュニケーションを取るような使い方になります。

各 SNS に LINE の URL を貼り、これからお客さんになりそうな人を**最終的に誘導するような場所**として活用するのがおすすめです。興味をもってくれたユーザーに向けて、デジタルクーポンを配信できる「クーポン機能」を活用するなどして、来店促進する用途にも使えます。

〈6大SNSの使い方〉

Instagram	・ライフスタイル ・体験を発信 ・ブランドへの愛着を育む
X	・役立つ情報、トレンドに関する話題、共感できる日常を発信 ・拡散性を活かして、認知拡大をする
YouTube	・専門性を活かした企画動画を発信 ・好感度向上や認知拡大に取り組む
TikTok	・面白い切り口のエンタメ性のある動画を発信 ・拡散性を活かして、認知を拡大する
Facebook	・企業の公式情報を発信 ・コアなユーザーとの関係を深める
LINE	・自社や自分に興味をもつユーザーとの交流

最初はフォロワーを獲得する使い方が基本

このように SNS は、知ってもらう、好きになってもらう、キャンペーン情報を配信して売上を上げるなどさまざ

まな使い方ができます。

　しかし、まずはアカウントを知ってもらわなければ、好感をもってもらうことも、商品を売ることもできません。知名度を測る一つの指標が「フォロワー数」です。

　ユーザーは、自分の興味関心に合う情報を発信しているアカウントをフォローします。このようなフォロワーが投稿に触れる機会が増えるにつれ、アカウントへの好感度が高まり、やがて安定した商品購入につながっていくのです。
　そのため、**最初はフォロワーを獲得して覚えてもらうような投稿をする使い方**からはじめましょう。

SNSをビジネスで活かす2つのカギ

「成功モデルの分析」と「継続」

　私はSNSマーケティングで成功するためには2つのカギがあると考えています。

　それは「**成功モデルの分析**」と「**継続**」です。

　SNSには独自の文化が形成されており、知識がない状態で感覚だけを頼ると、ユーザーにとって的外れな発信になってしまいます。

　そのため、まずは**成果を収めている競合である「成功モデル」を分析し、どのようなコンテンツが支持されているのかを知る**必要があります。

　どのような競合がいるかを知り、競合との差別化を図った発信をしなければ、せっかく発信した投稿も埋もれてしまいます。

　成功しているモデルを知らないと、自分の発信内容を過大評価してしまうリスクがあります。成功モデルを分析することで、SNSの傾向や動向をより理解しやすくなります。

　自分では優れていると思う発信でも、調査すると類似の内容がすでに存在していたり、予想以上に質の高い投稿が

見つかったりすることがあります。実際には支持を得られない発信であっても、評価が主観的なため、成功していると誤解してしまう可能性があります。

　長期間取り組んでから気づくことは、それまでの労力を無駄にしてしまう恐れがあります。事前に十分な調査を行うことで、SNS運用をより効率的に行えます。

　進め方としては、**成功モデルを分析し、よいところを取り入れながら、自分の唯一無二の要素を探していきます。**そのうえでアカウントを設計し、プロフィールや投稿内容を充実させることが大切です。

　しかし、アカウントの設計がよかったとしても、やめてしまえばすべては水の泡です。

　残念なことに、SNSマーケティングは、成果が出るまでの期間が長く、そこに耐えられず続けられない場合が大半です。

　SNSマーケティングでは、**ある一定のラインからフォロワーや売上が急激に伸びる**のが特徴です。

　なぜなら、SNSは同じジャンルの投稿をし続けるとAIが「このアカウントは美容ジャンルに特化している」と認識し、「美容に興味がある人に見てもらえるようにしよう」と自動で投稿を広めるようになるからです。

　また、マーケティングの世界では3.5回の法則という言

葉があります。これは統計的に、人は3.5回接触すると行動を起こすというものです。

　YouTubeで3回ほどおすすめとして表示され、気になって動画をクリックした経験が誰しもあるのではないでしょうか。

　一度だけでは見向きもされなくても、投稿が広まり接触回数が増えていけば、フォローなどのアクションをしてもらいやすくなります。

　そのため**成果が見えにくい中でも、粘り強く継続して発信していくことが大切**なのです。

　まとめると、**成功モデルを分析して適切にアカウントを運用し、継続して投稿をし続ければSNS運用は必ずうまくいく**のです。

　次の章では、成功モデルの分析方法、そして分析内容を踏まえてアカウントを設計し、フォロワーを増やしていく方法を解説し、第4章ではSNSの継続方法を提示します。

SNSでフォロワーを増やす方法

フォロワーが増えないアカウントと投稿

SNSマーケティングでは、適切にアカウントを運用しているつもりでも、全くフォロワーが増えないアカウントになっていることがあります。

フォロワーが増えないアカウントになってしまう落とし穴を避けるため、不適切なアカウント設計や投稿に見られる6つの特徴を把握しておきましょう。

①プロフィールがわかりにくい

プロフィールは、ユーザーがアカウントをフォローするかどうかを判断する材料になります。

フォローするかの判断は一瞬であり、Instagramではプロフィールを見たユーザーの74％が5秒以内にフォローせずにそのページから離脱するといわれています。

そのため、パッと見て「フォローする価値がある」とわかるようなプロフィールにする必要があります。

②投稿が自分本位

売上につなげたい気持ちが強いため、自社商品の宣伝ば

かりするアカウントを見かけます。

しかし、SNSでフォロワーを増やすには、フォローする価値を感じてもらえるように、**自分が発信したいことではなく、ユーザー目線の発信を心がける必要があります。**

③ターゲットが曖昧

誰に向けているのかよくわからない発信は、興味が細分化している現代では、膨大な情報の中に埋もれてしまい、ユーザーには届きません。

ターゲットはできるだけ具体的にして、届けたい相手を意識しなければなりません。

④コンテンツに統一感がない

発信するコンテンツの軸がブレてしまうとフォロワーが離れていきます。

たとえば、ダイエットについて知りたくてフォローしていたのに、恋愛のことばかり語り出していたら、ユーザーの期待に反してフォローを外されてしまいます。**1アカウント1メッセージが基本**なのです。

⑤ユーザーとのコミュニケーション不足

ユーザーとのコミュニケーションを一切取らずに、投稿だけをするのはよくありません。

なぜなら、SNSは「投稿に反応しないアカウント」と認識されると、拡散力が落ちるというシステムを採用してい

るからです。

　また、全く反応がないとユーザーにとってつまらないアカウントと判断される可能性もあります。**コメントへの返信やリポストなどで積極的にユーザーとのコミュニケーションを取ることが大切**です。

⑥投稿頻度が少ない

　SNS では投稿頻度が低いと、無数の投稿の中に埋もれてしまい、見てもらえない可能性が高くなります。

　まずは定期的に投稿することで、**目に留めてもらえる確率を上げる**ことが重要です。

　SNS では投稿の質も問われますが、初期段階で高品質な投稿をつくるのは難しいものです。

　そのため、まずは定期的に投稿を続けていくことが大切です。

　SNS のよくある失敗に共通しているのが、**自分や自社の情報を開示することが不足している**ということです。

　SNS では自分の情報を明らかにするほど、信頼されています。現実社会でも、知らない人よりも知っている人のほうが安心するのと同じです。

成功モデルを分析して、取り入れる

成功モデルの探し方

SNS マーケティングでは、正しい手順を踏んでアカウントを運用すれば自然とフォロワーが増えていきます。

最初にすべきことは競合分析、すなわち**成功モデルを分析して取り入れること**です。

参考にしたい成功モデルは「**短い期間でフォロワーや売上が伸びているアカウント**」です。

SNS はトレンドが変化しやすいプラットフォームのため、以前はうまくいった手法が、現在も通用するとは限りません。

3 年以上続いているようなアカウントは、投稿方法や世界観のつくり方は大いに学ぶことはありますが、新規でアカウントをつくる場合は成功の再現性がない可能性があります。

そのため、直近で成果が出ているアカウントを参考にするほうがよいといえます。

短い期間で伸びているアカウントは、ハッシュタグ検索

を活用すると見つかります。

Instagram でいえば、たとえば検索欄で「＃化粧水」と入力すると、化粧水について発信しているアカウントが多数出てきます。アカウントを覗いた際に投稿数が少ないものは、新しいものだと判断できるでしょう。

成功モデルは最低でも 5 〜 10 件程度、トップを目指すなら 100 件は見つけてください。

成功モデルの分析方法

成功モデルを見つけたら、以下のポイントをノートなどに書き出します。

①集客

まずは、どんなコンテンツ、コンセプト、ターゲットで集客しているかを調査します。

SNS の投稿内容や、プロフィールにはどんな文言を採用しているかをチェックしましょう。

フォローされているユーザーのアカウントを覗くことで、どのような人をターゲットにしているかを知ることもできます。

②教育

教育とは、アカウントが発信している価値や理念をユーザーによく理解してもらうことです。

新規ユーザーではなく、**フォロワー向けの発信では、どのような言葉をなげかけているか**、コメントに対して返信内容はどのようなものかをチェックしましょう。

③販売

どのような動線で販売につなげているか確認します。

公式HP、公式LINE、ECサイトなど、どこで販売しているか、**どのような文言で自社の商材を販売している場所に誘導しているかをチェック**しましょう。

④顧客サポート

どのように既存の顧客をサポートしているかも見ておきましょう。

商品の使い方がわからない、どのような機能があるか知りたい、といった**ユーザーの悩みをどのような手段で解決するかをチェック**しましょう。

これらの一連の流れをリサーチすると、SNSで商材が売れるイメージが理解できます。

そして、**自分に欠けているポイントがわかり、自分のアカウント設計に活かすことができます。**

しかし、マネしているだけだと差別化ができず、個性のないアカウントになってしまいます。

そのためには、アカウントの差別化が必須となります。

第2章　フォロワーを増やして、覚えてもらうための5つのステップ　53

ステップ1

フォロワーを獲得するための
アカウントの基本設計方法

アカウントは、コンセプトを基につくる

アカウントの設計方法は**成功モデルを分析し、自分や自社に取り入れられそうな構成や文言を活用するのが基本**ですが、自分や自社の強みを活かして類似のアカウントと差別化をしなければいけません。

そのため、アカウントを設計する際に唯一無二のコンセプトをつくります。そのコンセプトを基にアカウントの顔となるプロフィールを作成していきます。

コンセプトは、「**ターゲットを分析する**」「**自分の強みを明らかにする**」「**誰のための、何のジャンルのアカウントか決める**」の3つが重要です。

まずはどんな人に発信したいか**ターゲットを明確**にします。ターゲットはユーザーのニーズを分析することで絞れます。

分析方法は、Amazon などの通販サイトのレビューや、「教えて！goo」などのQ&Aコミュニティサービスを見

て、自分や自社の競合の商材に対して、**どのようなことが書かれているかリサーチ**してみます。

　そこには、商材に関連したリアルな悩みや、どのように解決したかが網羅されているはずです。その内容を基にすると、ターゲットになる見込み客がより明確になります。

　次は**自分の強みが、ターゲットのどのような悩みを解決できるか**を考えます。

　まずは自分の強みを見つけるために、自分の強みだと思うことを書き出してください。

　思いつかない場合は、個人なら家族や友人に「自分のよいところはどこ？」などと聞くとよいでしょう。自分自身のことはよくわからなくても、**周りの人間が自分のことはよくわかってくれているはず**です。

　企業はお客さんからダイレクトに聞いてください。

　LINEやメールで次回お買い物が30％オフになるようなチケットを配布すれば、アンケートに答えてくれます。

　「他社のこういうサービスがある中で、なぜ自社のサービスを買われたのでしょうか？」という形で具体的な質問をするとよいでしょう。

　ターゲットの悩みを解決するような自分の強みがわかれば、**誰のための、何のジャンルのアカウントかは必然的に決まる**はずです。

　そして、コンセプトを決めたら競合他社のプロフィール

第2章　フォロワーを増やして、覚えてもらうための5つのステップ　55

の書き方を参考に実際のアカウントを設計していきます。企業のアカウントの場合は、ロゴを使用していることも多いですが、キャラクターのアイコンなどにして人が運用している雰囲気を見せると親近感をもってもらいやすくなります。

　プロフィールをつくったら、実際に投稿してみましょう。売上につなげるためには、まずアカウントを知ってもらう必要があります。

　アカウントには、「**顧客の悩み**」「**顧客の年代と属性**」「**自社の価値観**」の情報を盛り込むことが大切です。

　顧客の悩みに焦点を当てて、**自分たちが提供できる価値を組み合わせて差別化**を図ります。

　また、**年齢と属性などできるだけ顧客を具体的にイメージできるようにターゲットの解像度は上げたほうがよい**です。

　たとえば、「痩せ方を教えるダイエット講師」だけでは漠然としており、競合も多いため、解像度を上げ、「40代の足痩せするためのダイエット講師」とすれば、誰に向けたサービスか一目瞭然になります。

　なお、私は「**40代50代SNS超苦手でも実践できるやさしい集客術**」としています。「顧客の悩み＝**SNS超苦手**」「顧客の年代・属性＝**40代50代**」「自社の価値観＝**やさしい集客術**」を入れ込んでいます。

投稿239件　フォロワー5984人　フォロー中4861人

あさひ| 40代50代SNS超苦手でも実践できるやさしい集客術

asahi_ogihara

【23歳 経営者 日本人史上最年少 ドバイ移住AE】
■知識0→起業2年で累計1.3億・月2157万
■1000名以上のインスタ集客コンサル経験
■受講数150名超のSNSマーケ講座運営
... 続きを読む
utage-system.com/line/open/q0y2cHH2VUia?mtid=KwI7Y89oYT6v

　一度決めたコンセプトは、ブラッシュアップし続けていきます。最初から完璧を目指すのではなく、運用しながら変更と調整を繰り返していきましょう。

　長期間運用することでSNSアカウントの運用データも蓄積するため、ターゲットの精度を高めることができます。

フォロワーを獲得するための投稿文章術

> 投稿は少しだけ変えるのが基本

フォローしてもらうには、**ターゲットのユーザーのタメになるような有益な投稿が必要**といえます。

有益な投稿のつくり方は、**バズっている投稿をマネすること**です。

なぜなら、バズっている投稿は需要があることが証明されている、フォローにつながる投稿だからです。

投稿のマネしたいアカウントを3〜5つほど厳選し、投稿を分析します。全く同じ内容ではいけませんが、**自分なりに変えるという気持ちで大丈夫です。**

仮に投稿をマネしたとしても、自分のアカウントのコンセプトがしっかりしていれば、自然とオリジナリティは出てきます。

また、他の業界でバズった投稿の構成を用いて、そのままで自分の業界に置き換えた内容にするのも有効です。

一見、自分と関係がない業界であっても、自分への落とし込みがうまければ、どのような投稿でも活用できます。

バズワードに変更する

バズっている投稿のワードを一部入れ替えるのもよい方法です。中でも、SNS上でユーザーの興味を引きやすいバズワードに入れ替えるのはおすすめです。

私がバズりやすい言葉を分析して、まとめてみましたので活用してみてください。

①興味づけワード

超〜／最強〜／神〜／鬼〜／一撃で〜／一瞬で〜／実は〜／衝撃の事実／保存必須／必見／これ1つで完全網羅！／コレだけ押さえればOK／劇的に〜／ショックすぎる〜／今だけ〜／9割が知らない〜／えっ？　まだやってないの？〜／絶対やめて〜／圧倒的な〜／非道徳な〜／非常識な〜／閲覧注意〜

②刺激的なワード

やらないと損する〜／後悔する〜／知らないと〜／教えたくない〜／貧乏〜／太る〜／稼げない／売れない／残念な〜／モテない〜／失敗する〜／〜したら即アウト〜／NGな〜／タブーな〜／関わってはいけない〜

③〆ワード

〜の習慣○選／〜の方法○選／〜つの方法／〜を大公開

第2章　フォロワーを増やして、覚えてもらうための5つのステップ

／〜術／〜テクニック／〜マニュアル／〜のテンプレ／〜完全ガイド／〜完全攻略／〜完全版／〜の理由／〜の原因／〜の特徴／〜の裏技／〜の真実／〜の口癖／〜の行動／〜の使い方／〜の活用法／〜ランキング／Top〜○選／〜のまとめ／〜ですべて完結！

　バズワードはタイトルをつけるときも便利です。バズワードを使用する際は、**興味づけワード→刺激的なワード→〆ワード**という流れで使ってみてください。

　たとえば、「【衝撃の事実】たった一つやるだけでマイナス5kgを達成する最新ダイエット術」や「【完全版】9割が知らないインスタ集客術」のようにバズワードを活用します。

　業界の中だけで効果を発揮する独自のバズワードもあるため、理想は成功モデルを分析したうえで、最適なバズワードを使いこなすことです。

ステップ3

フォロワーを獲得するための
投稿写真と動画

世界観を統一し、使用イメージを伝える

　フォローされるよう写真や動画は、文章の作成と同様に**成功モデルを分析するのが近道**です。

　ただし、投稿する文章とは異なり、成功モデルを分析する際に注意すべきポイントがあります。

　それは、**アカウントのコンセプトを意識しながら、写真や動画を活用する**ことです。

　アカウントの世界観に合うように、**ブランドのテーマに沿ったフォント、カラー、背景を意識**します。できれば、構図や写真の色味、加工の仕方も統一したいところです。世界観を一貫させることで、一目でコンセプトが伝わりやすくなります。

　また、プロフィールの内容から投稿まですべてが統一されていないと、せっかく興味をもってくれたユーザーも、コンセプトが合わないと判断し、フォローに至らない場合があります。

　北欧アイテムを販売する「北欧、暮らしの道具店」のアカウントは、全般的に世界観が統一されているいい例です。

第2章　フォロワーを増やして、覚えてもらうための5つのステップ　61

「フィットする暮らし、つくろう。」をキャッチフレーズとして、テキストや背景はホワイトを基調としていて、北欧雑貨の雰囲気が伝わる印象にされています。

　一度アカウントを覗けば、世界観統一のイメージがわいてきます。

　Instagram では、ユーザーの多くがリアルな体験を知りたくて検索しています。そのため、**商品の実際の使用イメージを明確に伝える**ことが重要です。

　たとえば、ヘアアレンジの動画では、実際のアレンジ過程を見せるだけでなく、各ステップをテロップで説明すると、ユーザーにとってよりわかりやすくなります。

　ありふれたアカウントではフォローを獲得しにくいため、**自分や自社の強みを具体的に示す写真や動画**が欠かせません。独自のコンテンツを提供することで、ユーザーのフォローする意欲を高めることができます。

　そのうえで、動画を制作する際は次の点も併せて意識してください。

　まず動画の冒頭は動画を最後まで見るかが判断されるポイントなので、ダイジェストを入れるなどして**興味を引く内容になっているかチェック**しましょう。視聴者に最後まで見てもらうために、動画を視聴するメリットを明確に伝えることが重要です。

　さらに、動画の各構成要素が質の高いものになっている

か確認してください。テロップは適切なフォントやサイズを使用し、洗練されているか、BGM は内容に合っているか、動画のテンポは適切かなどです。

　そして、**サムネイルも動画を見るか判断するための重要な要素**です。いくら動画の内容がよくても、サムネイルで「気になる！」と思ってもらえなければ、動画を視聴してもらうことはできません。

　サムネイルは簡潔で伝わりやすいものにします。情報が多すぎると、動画の内容がわかりにくくなります。また、文字の量や大きさにも注意し、見やすさを確保しましょう。

　これらを意識して動画をつくれば、必然的に見やすい動画に仕上がります。

　さて、ここまで文章と写真や動画の投稿を解説してきましたが、どのようなよい投稿でもユーザーに見つけてもらわないと意味はありません。

　次は投稿を見つけてもらうために知っておくべき、ハッシュタグのつけ方についてお伝えします。

第 2 章　フォロワーを増やして、覚えてもらうための 5 つのステップ　63

ステップ4

フォロワーを獲得するための
ハッシュタグのつけ方

ハッシュタグは、分類してつなげる

　ハッシュタグとは、SNS上で話題やジャンルを分類するためのタグです。

　膨大な情報の中から興味がある内容を見つけるのは難しいですが、投稿にハッシュタグをつけることで、ユーザーが簡単に発見できるようになります。投稿内容に関心をもちそうなユーザーにも効果的にアプローチできます。

　ハッシュタグは、趣味嗜好が近い人同士がつながることにも役立ちます。特定のイベントに関連するハッシュタグをつけて意見や感想を共有する用途にも便利です。「＃メンバー募集」「＃スポーツイベント」などとつけることで、新たな出会いにも期待できます。

　ハッシュタグの使用傾向は各SNSによって異なります。Xはリアルタイム性が高いSNSであるため、ニュースやテレビのトレンド、話題の商品など現在起きていることに関するハッシュタグが人気です。

　一方、Instagramでは、ユーザーがハッシュタグを使ってリアルな体験を検索することが多く、業界ごとに人気の

〈2024年8月にトレンドに入ったXのハッシュタグ〉

ドラマ	#海のはじまり #ブラックペアン
テレビ	#金曜ロードショー #ラビィット #モニタリング
商品	#ファミマ増量クランチ #初音ミクローソン #総額3億円分
イベント スポーツ	#甲子園 #マイクラ肝試し2024 #阪神タイガース

ハッシュタグの傾向があります。

　たとえば、ファッション業界では、コーディネートの実例を知りたいユーザーが多いため、「#○○コーデ」や「#（季節）ファッション」といった形式のハッシュタグが使われます。

　また、「#写真撮っている人とつながりたい」「#カフェ好きとつながりたい」といった、人々とのつながりを求めるハッシュタグも定番となっています。

　ハッシュタグの基本的なつけ方は、「#」の直後にキーワードを入力するだけです。「#モーニング」のように**「#」とキーワードを続けて入力し、間にスペースを入れないよう注意**しましょう。

〈Instagramで使用されているハッシュタグの件数〉

ファッション	#今日のコーデ(1,190万件) #ママコーデ(779万件) #夏ファッション(35.4万件)
観光	#女子旅(513万件) #京都(2,580万件)
食べ物	#飯テロ(423万件) #おうちごはん(3,339万件)
コスメ	#メイクアップ(129万件) #時短メイク(29.5万件)

　複数のハッシュタグを使用する場合は、各タグの間に半角スペースを入れます。

　たとえば、「＃カフェ＃浅草」ではなく、「＃カフェ　＃浅草」と入力します。

　ハッシュタグが正しく認識されると青色で表示されます。投稿前に、タグが黒字のままになっていないか確認しましょう。Instagram には禁止ハッシュタグがあり、性的、暴力、薬物など不適切な表現を含むタグを使用すると、アカウントの評価低下や凍結のリスクがあるため、注意が必要です。

ハッシュタグの役割

使用するハッシュタグによって、投稿の届き方が大きく変わります。

検索や投稿のボリュームが大きいタグを使用すると、多くの人に見られる可能性が高まります。一方で、誰も検索していないタグをつけても効果がないため、ある程度ボリュームのあるタグを選ぶことが重要です。

注意すべき点として、**投稿内容と関係のないハッシュタグの使用は避けましょう。**多くの人に見てもらいたいからといって、人気のハッシュタグを無関係に使用すると、ユーザーの不快感を招き、信頼を失いブランドイメージの低下につながる可能性があります。

また、トレンドのハッシュタグを使いたいからといって、無理にトレンドに合わせるのも避けるべきです。結果的に自社の強みを活かせない投稿となり、埋もれてしまう可能性が高まります。

フォロワーを増やすという観点でいえば、**ハッシュタグの最も重要な役割は、SNS のシステムにコンテンツのジャンルを認識させる点**にあります。SNS は、投稿のハッシュタグを参考に、関心のあるユーザーに情報を届けるシステムを採用しています。

第 2 章　フォロワーを増やして、覚えてもらうための 5 つのステップ

不適切なタグを使用したり、全く使用しなかったりすると、SNSのシステムが投稿のジャンルを正確に認識できず、ユーザーに届きにくくなります。対象となる興味や関心をもつユーザーに確実に届くよう、適切なハッシュタグをつけることが大切です。

　たとえば、30代で安い服を探している人に向けての投稿であるなら、「#30代コーデ」「#プチプラコーデ」などのハッシュタグをつければ、内容に近いものでありターゲットのニーズにも応えているものでしょう。

ハッシュタグの選定方法

　実際にハッシュタグをつける段階になると、膨大なキーワードの中からどれを選べばよいか迷うことがあります。

　そんなときも、これまでと同じように、成功モデルを分析してハッシュタグを選定するのが効果的です。

　まずは自分や自社が**投稿する内容に近いと思われる投稿につけられているハッシュタグを書き出します**。

　ハッシュタグはよほど個性の強いものでなければ、**競合とかぶっても問題ありません**。ユーザーがじっくり読み込むものでもないため、競合と同じだからといって、差別化が図れなくなり、投稿が埋もれることはありません。

　特殊なワードばかり狙わずに、みんなが調べているワードを積極的に選ぶことが基本です。

ハッシュタグの数は5〜10が理想といえます。あまりにハッシュタグをつけすぎると宣伝色が強くなりユーザーから敬遠されたり、AIからスパム（迷惑行為）とみなされてアカウントが使えなくなったりする可能性があります。

　また、**ハッシュタグは投稿ボリュームのバランスを考慮して選定すること**です。

　ハッシュタグをつけて検索することで、何件投稿されているかがわかります。投稿されている件数が多いほど、知りたい人が多いキーワードといえます。なるべく投稿ボリュームが大きいハッシュタグをつけたほうが、投稿が表示されたときのインパクトが大きいです。

　一方で人気のハッシュタグは、競合が多いため上位表示が難しく投稿が埋もれる可能性もあります。

　そのため、**投稿数10万件以上、1〜10万件以下、1万件以下を調査し、それぞれ3つ程度つけるとよい**でしょう。

　このように、投稿数の異なるハッシュタグをバランスよく組み合わせることで、発見される機会を増やしつつ、競合の中でも目立つ可能性を高めることができます。

　なお、Xのような文章主体のSNSでは、AIが投稿内容を分析できるため、ハッシュタグをつけなくても問題ありません。

　ただし、Xはリアルタイムの情報発信に適しており、ハ

ッシュタグを使ってトレンドに沿った発信をするのは効果的です。自社のブランドイメージを損なわない、有益な内容があれば、トレンドを活かした投稿も検討してみましょう。トレンドは、Xの「トレンド」タブで確認できます。

　せっかくよいコンテンツを作成しても、ハッシュタグのつけ方が問題で、多くの人に見られないのはもったいないです。
　まずはこのような基本的なハッシュタグのつけ方からはじめていくと、次第に慣れて、より効果的なハッシュタグの使い方も理解できるようになります。
　分析、実践を繰り返し、精度を高めていきましょう。

> **ステップ5**

各SNSの特徴を活かす
オリジナル投稿術

SNSごとのシェアされやすい投稿

　SNSの種類によってユーザーが求めるものは異なります。各SNSには共有されやすい投稿の特徴があるため、それぞれのSNSの特性に合わせて発信することで、より多くのユーザーにフォローしてもらいやすくなります。

　ここでは各SNSの特徴を活かした投稿術を解説します。

① Instagram

　「こんな部屋にしたいな」「こんな人になりたいな」といった**共感や憧れを抱かせるような投稿がフォロワーを伸ばすカギ**です。

　Instagramでフォロワーを伸ばすための効率がよいリール投稿は、**投稿回数は1日に1回**です。

　2つ投稿したから2倍見られるというわけではありません。1つずつ投稿したほうが確実に動画を見られやすく、せっかくつくったのにあまり見てもらえないという事態を避けやすくなります。

　フォローしてもらうために、動画の最後にフォローを促すのも有効です。「プロフィールのリンクからフォローし

第2章　フォロワーを増やして、覚えてもらうための5つのステップ　71

て、次回の動画を楽しみにしてくださいね」といった形で
フォローを促してみましょう。

　SNSでよく見られるゴールデンタイムは17〜21時とい
われています。

　Instagramの場合は17時頃に投稿すれば、ゴールデンタ
イムの間に見られやすくなるのでおすすめです。

②X

　これまでの**常識とは異なるような知識、発言**などがシェ
アされやすく、**刺激的な投稿**が好まれます。

　ビジネス目的で使う人も多いため、**露骨なPRの投稿も
それほど悪い印象を与えない**傾向があり、プレゼントキャ
ンペーンも喜ばれやすいです。

　投稿を読んでもらうには、**最初の一文で興味をもたせる
ことが重要**です。先ほど提示したバズワードを活用して、
文章を構築してみましょう。

　投稿する時間帯は5〜6時、12〜13時、20〜21時が
よいと思われます。

　理由は、5〜6時は起きてすぐにXで最新情報を見る人
が多く、12〜13時はお昼休憩、20〜21時は帰宅してく
つろぐ時間だからです。

　各時間帯に1回ずつ計3回投稿するのがベストですが、
難しい場合は一番反応を得られやすい12〜13時に投稿す
るのがおすすめです。

　Xは投稿がタイムライン上で流れていきやすく、見られ

る投稿が分散されにくいため、**1日に何度投稿してもよい**という特徴があります。

　動画や写真に比べると、文字だけで伝わる情報は少ないので、投稿する量が大切です。

③ YouTube

　個人でいえば本音、企業でいえば裏側まで見せるようなリアルな発信が好まれます。包み隠さずありのままを見せるような発信をすることが大切です。

　YouTubeもInstagramと同様にゴールデンタイムの**17〜21時の間に1日1投稿**するとよいです。

　冒頭の内容で最後まで見られるか判断されやすいので、どのような動画かわかるようなダイジェストをはさむと最後まで見てもらいやすくなります。

　「面白いと思ってくれたらチャンネル登録をお願いします」と最初、中盤、最後にチャンネル登録の誘導をはさむと、3.5回の法則により登録してもらいやすくなります。

　最近はサムネイルの画像の文字もAIが認識するようになっているので、ジャンルに沿った適切なワードを選定することが大切です。

④ TikTok

　TikTokはXと同じく**刺激的な投稿**が好まれます。トレンドに沿った投稿も反応がよいです。

　流行り廃りが激しい分野なので、常にトレンドを追う必

要があります。

　TikTok 公式の見解では、投稿は量よりも質を推奨しています。そのため、無理に毎日投稿するよりも、クオリティを上げることに専念するのもフォロワーを獲得することにつながるでしょう。

　また、すぐにスクロールされてしまわないように、動画の冒頭にはこだわり、興味を引くものにしたほうがよいです。「さらに詳しい内容は固定動画にあるので、ぜひプロフィールを見てください」と誘導するのも有効です。

⑤ Facebook

　Facebook では、**友人や取引先とコミュニケーションを意識**するような投稿が好まれます。

　文章だけの投稿よりも、画像や動画を活用したほうが目にも留まりやすいです。

　利用しているユーザー層は異なりますが、Instagram とフォロワーの伸ばし方はほぼ同じと考えてよいです。

⑥ LINE

　LINE は、友だち登録すると通知が来る度に確認する作業が発生するため、他の SNS よりも登録されるハードルが高いです。

　そのため、**LINE 登録限定のプレゼントなどの特典をつける**ことで、登録を促すことが必要です。**プレゼントはなるべく豪華なものがおすすめ**です。

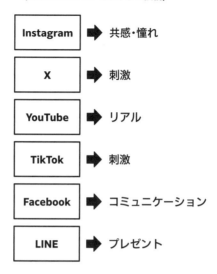

　このように各SNSによってシェアされやすい投稿は異なります。第1章の各SNSの利用者に鑑みて、自分や自社の商材を届けられるように投稿術を活用していきましょう。

成果につながるSNSマーケティングの鉄則

4つの鉄則で成果を上げる

SNSマーケティングでうまくいっている人は、成果を上げるために日々取り組んでいることがあります。

漫然と投稿するのではなく、4つの鉄則を意識することが大切です。

①トレンドは常に追いかける

SNSのトレンドの変化は、非常に速いです。話題になった出来事もすぐに忘れられ、「今、これが流行っている！」とメディアで紹介された頃には、もうすでに流行が終息していることもあります。

私の基準値でいえば、**1カ月前に有効だった施策が、使えない**ことは珍しくありません。

Xで以前は有効だった、「続きはプロフィールリンクに書きました」と誘導する手法も現在ではユーザーから嫌われやすい投稿の一つになっています。

そのため、トレンドは常に追いかけて、投稿の切り口や手法をアップデートしていきます。

各SNSの人気の投稿者は、トレンドを活用した投稿をしているため、追いかけておくと何が流行っているかを知る参考になるでしょう。

　トレンドが古くなっていないかは、「いいね」の数、再生数、インプレッション数などが一つの指標になりますが、自分でも実際に投稿してみて反応をダイレクトに感じたほうが時代のニーズを捉えやすいです。

②よいと思ったコンテンツは保存する

　SNSマーケティングは日々の作業をこなしていけば、自然にできることが増えて、ある程度は使いこなせるようにはなるはずです。

　しかし、その先にある投稿の質の向上を意識的に目指さないと成果にはつながりにくいです。

　投稿の質とは、「いいね」の数が多いことや斬新な切り口があるなどさまざまな見方がありますが、私は質の高い投稿とはユーザーがほしいと思うものを出しているかどうかだと考えます。

　つまり、ユーザーの悩みやニーズに寄り沿い、ユーザー視点で投稿することが大切なのです。

　投稿の質を磨いていくには、SNSでユーザーの立場で考えることを養わないといけません。

　そのため、自らユーザーとしてSNSを利用し、**いいと思ったものを保存してください。**

　「動画の冒頭が見やすかった」「この投稿がすごい有益だ

った」というものを保存していくうちに、SNSのユーザー
に喜ばれるコンテンツが体感として理解できるようになり
ます。

　そこで学んだことを自分に取り入れていけば、質の向上
につながっていきます。

③エンタメ要素を入れる

　SNSでは、エンタメ要素を織り交ぜることが大切です。

　**投稿の内容が本質的によいものでものであっても、面白
くないと思われると見てもらえません**。小学校の朝礼で、
校長先生の話がタメになる内容でも、淡々と情報を伝えら
れたために退屈に感じたことは多くの人が経験しているは
ずです。

　仮に本当に役に立つ内容であっても、相手がつまらない
と感じてしまえば、反応がもらえないのはSNSも同じと
いえます。

　大切なのは、有益な内容だからと驕らずに、ユーザーを
楽しませる工夫をしようと考えることです。

　たとえば、動画ならドキュメンタリーテイストにしてみ
たり、映画のように迫力をもたせたりなど、**少しでもユー
ザーが楽しめる要素を入れること**を意識しましょう。

④色にこだわる

　人は**色の影響を強く受けています**。

　マーケティングにも色の力は活用されています。セール

のポップの「激安」と書いている文字の色は「赤」が多い
のですが、赤はアドレナリンの分泌を促し、衝動的な気分
にさせるといわれており、購買意欲を刺激するとされてい
ます。

SNSマーケティングでは、写真、テロップ、フォント
などの色を使いこなすことで**相手に与える印象をコント
ロール**することができます。

「白」は清潔でクリーン、「茶」は温もりや安心感、
「黒」なら高級感のある印象を与えられます。

理由もなく選びがちな色ですが、**相手に与えたい印象を
考慮して慎重に選択**しましょう。

しかし、色は感覚的なところもあるので、その場合は、
色彩の基礎だけ学んでおけば大丈夫です。『ノンデザイ
ナーズ・デザインブック』（マイナビ出版）は、プロを目指
さない人にもわかりやすい入門書になっていますので、お
すすめです。

ここまで解説したテクニックを活用し、この鉄則を理解
しておけば、アカウントの認知度は広がっていきます。

第2章　フォロワーを増やして、覚えてもらうための5つのステップ　79

もう困らない！
さまざまな SNS の鉄板テンプレート

写真・動画編集も無料で十分

　SNS では写真を加工して見やすくしたり、撮影した映像を編集したりするために、編集ツールを使う必要があります。

　本格的に取り組むことを考えると有料版のほうがいいのではないかと考えてしまいがちですが、最近は編集ツールの進歩が著しく、無料で使えるものでも高機能です。

　予算は抑えるに越したことはないので、最初は無料版ではじめ、機能が不足していると感じたときに有料版に切り替えるとよいでしょう。

　ここでは実際に私も使っている便利なアプリを紹介します。

目的別おすすめツール

・写真編集：Canva

　Canva（キャンバ）は初心者でも本格的なデザインがつくれるツールです。

ソフトをダウンロードする必要がなく、パソコンのブラウザで直接デザインを作成できます。

また、iPhone や Android 用のアプリもあり、スマートフォンでも利用可能です。

素材を組み合わせたり文字を入れたりするだけで画像が作成できるため、デザイン未経験者でも安心して使えます。

さらに、25 万点以上（無料プランの場合）のテンプレートがあり、日々追加されているため、ありきたりなデザインを避けることができます。テンプレートを感じさせない洗練されたデザインも多く用意されています。

SNS の目的に合わせたサイズが用意されているため、幅広い用途に簡単に活用できる点もおすすめです。

・動画編集：CapCut

CapCut（キャップカット）は、スマートフォンで動画を編集できるアプリです。

カット、再生速度の変更、テキストや BGM の追加、エフェクト、フィルターなど、多彩な機能を搭載しています。特にショート動画の制作との相性がよいです。

Instagram のリールの作成にも便利なツールです。TikTok の開発・運営会社 ByteDance が提供しているため、TikTok アプリと連携し、制作した動画を直接アップロードできます。

iPhone と Android 両方に対応しており、パソコンを使わずスマホだけで動画編集が完結するのがうれしいポイント

です。スマートフォンでコマンドを選択するだけで、高品質な動画がつくれるため、動画編集ツールを使用したことがない人でも簡単に使えるのでおすすめです。

なお、動画を撮影する際は本格的なカメラは不要で、スマートフォンがあれば十分です。

動画のクオリティを最低限担保したいなら、バージョンはiPhoneでいえば12以降がよいでしょう。

・文字起こし：Vrew

Vrew（ブリュー）は、自動音声認識技術を採用し、文字起こし機能を搭載した動画編集ソフトです。

動画ファイルをソフトにアップロードすると、自動で文字起こしが反映されます。

さらに、フォントの種類、文字の大きさ、色も調整可能です。

完璧な精度ではありませんが、音声を聞きながら手動で文字を入力する煩わしさが大幅に軽減されます。

テロップを入れる作業を面倒に感じている人におすすめです。

・Instagram投稿：改行くん

改行くんはInstagramの投稿に役立つテキスト改行アプリです。

Instagramで改行を入れて投稿しても、その改行が反映されないことがあります。そのため、文字が詰まって見に

くい投稿になりがちです。

　改行くんを使えば、改行を入れた状態の見やすい投稿がつくれます。

　使い方は改行くんで文章入力が終わったら、テキストをコピーして Instagram に移動します。後はキャプションに貼りつけて投稿するだけです。

　改行機能だけでなく、ハッシュタグの数を自動的にカウントしてくれる機能も便利です。

　これにより、ハッシュタグの数を一つひとつ目視で確認する必要がなくなります。Instagram の日々の投稿をラクにしてくれるアプリです。

　これらの編集ツールを活用し、フォロワーを獲得することにつなげることは大切です。

　しかし、アカウントをより飛躍させるには「口コミの力」が重要であるということを知る必要があります。

フォロワーよりも大切な価値がある
口コミの力

フォロワーの次はファンを獲得する

　フォロワー数が多いことにはメリットがあります。

　フォロワー数が 100 人と 1,000 人では当然後者のほうが
シェアなどの反応を起こす可能性は高いといえます。それ
にフォロワーはプロフィールで最初に目に入る数字のため、
多ければ信頼を与えることにもつながります。

　しかし、フォロワーの数は無意味ではありませんが、多
いからといって SNS マーケティングの成果につながると
は限りません。

　フォローしている人がそのアカウントを好きかどうかは
また別の話です。多くのフォロワーがいたとしても、自社
の商材に興味をもっていなければ、売上にもつながりま
せん。

　また、投稿した内容に反応してくれる人がいなければ、
発信が届くのはフォロワーの数が上限になります。

　X でいえば、以前はフォロワーのタイムラインに自分が
投稿した内容が表示されやすい状況でしたが、最近はおす
すめ機能により他の話題の投稿や、興味関心に合わせた投

稿が表示されてしまいます。

　つまり、**フォローされていても自分の投稿が埋もれてしまう場合がある**のです。

　そこで次の段階は**覚えてもらったフォロワーから実際に自社の商材を購入して、よさを広げてくれる根強いユーザーとなるファンをつくること**です。

　なお、ここでいうファンとは、単なるフォロワーやチャンネル登録者、または多額の支払いをする人を指すのではありません。企業や個人の大切にしている価値観を支持し、さらには困難なときに助けてくれるような人のことです。

　さらに、**売上を考えた場合、アカウントからの一方的な発信よりも、ファンになったユーザーからの発信、すなわち口コミのほうが影響力をもちます。**

　口コミの力は絶大です。

　たとえば、病院を選ぶ際もどんなに立派な建物であっても、口コミが低いところや口コミが全くないところは不安だと思います。口コミの情報が信頼されやすいのは、SNSも同じです。

　ユーザーがファンになると、「みんなにもこのサービスのよさを広めたい」といった感情から、「使ってみたけどよかった！」といった口コミをSNSに投稿するようになります。

第 2 章　フォロワーを増やして、覚えてもらうための 5 つのステップ　　85

さらに投稿をシェアしてくれるファンがいれば、その投稿の届く範囲は自社のフォロワーだけでなく、そのファンをフォローしているユーザーにまで拡大します。

つまり、ファンの数とともに口コミの力は増していくのです。

想いの発信が好意につながる

では、どうしたらフォロワーにファンになってもらえるのでしょうか。

取り組むべきなのは、まず**大切にしている自分や自社の想いを発信すること**です。

人間性が垣間見える投稿をすることで、ファンが増えていきます。

そして、そのファンを大切にすることで、絆をさらに強固にしていきます。そうして揺るがない深い関係性を構築していけば、コアなファンとして企業や個人を支えてくれます。

このようなフォロワー数よりも、深いつながりを大切にする考え方がファンベースです。

SNSマーケティングで、より大きな効果を望むなら、ファンベースの考え方を活用することが必須です。

ファンがファンを呼ぶ
ファンベースの考え方

ピンチのときに助けてくれるのが「ファン」

　現代は、**新規顧客を獲得するのが難しい時代**です。

　人口減少でモノを買う人が減り、不景気により若者の物欲も減少傾向にあります。

　また、素晴らしいオリジナル商品を開発したとしても、似たような商品はすぐに他者や他社に再現されてしまいます。

　そして、時代によってユーザーのニーズが変化するため、安い、便利、おしゃれなどの機能や品質はすぐに変わっていきます。

　このような成熟し切った市場で自分の商品が選ばれるためには、**ユーザーの感情や感覚が動かされるような価値を感じてもらう**必要があります。

　この価値を感じてもらうことを実現するのがファンベースです。

　ファンベースとは、企業やブランドのファンを大切にし、好意をもってもらうことで、中長期的な売上拡大やブランド価値向上を図る手法です。

一度でもアクションを起こしてくれたユーザーも貴重ですが、複数回アクションを起こすユーザーは極めて重要な存在です。

　一見すると、新規顧客の獲得は収益源が増えることにつながり、自社の商材を知らない潜在顧客も多いため、売上拡大の観点から新規顧客へのアプローチが有効に思えるかもしれません。

　しかし、**パレートの法則**によれば、上位20％の既存顧客が売上の80％を占めます。売上面では既存顧客のほうが大きな影響力をもつのです。

　パレートの法則はイタリアの経済学者ヴィルフレド・パレートによって提唱され、80対20の法則とも呼ばれています。これは、**2割の要素が、事象の8割を生んでいる**という考え方です。

　この法則の説明でよく提示される例として、働きアリがあります。アリを観察すると、よく働くのが2割、少し働くのが6割、さぼっているアリが2割存在するといわれます。つまり、全体の2割程度の働きアリが巣をつくったり、エサを運んだりしており、アリ全体の生活を支えているということです。

　また、1：5の法則というビジネスの世界でよく知られる原則もあります。これは、新規顧客の獲得には既存顧客の維持の5倍のコストがかかるというものです。

新規顧客獲得には営業や広告費用が必要ですが、すでに商材に満足している既存顧客の維持コストは比較的低く抑えられます。このように、**コスト面でも既存顧客に優位性があります**。

　さらに、1：5の法則とセットで語られることが多い、5：25の法則というものもあります。これは、顧客の離脱率を5％改善すれば、利益率が25％向上するという法則です。

　したがって、事業の収益性の観点からも、リピートしてくれるユーザーに焦点を当てることが非常に重要です。

　ファンベースの構築により、ユーザーとの長期的な関係が築けます。その結果、ユーザーは些細な理由で離れにくくなり、売上が安定します。

　さらに、ユーザーが長期的にその企業や個人の商材を選び続けることで、顧客生涯価値（LTV）も向上します。ファンが少しずつ増えていけば、売上は右肩上がりに成長する仕組みとなります。

　多様な趣味嗜好が存在する現代社会では、すべての人に好かれることは不可能です。

　企業や個人は、**自分を好きになってくれるユーザーのことをまず考え、熱心にアプローチし、応援される存在を目指しましょう**。

　ファンベースの身近な例として、スナックが挙げられます。

スナックの常連客は、その店やママに愛着をもち、感情的なつながりを重視して通う傾向があります。たとえ競合店がより豊富なおつまみやお酒を提供していても、常連客がすぐに他のお店に移ることはありません。

コロナ禍で多くの飲食店が打撃を受けて閉店する中、常連客の支えによってピンチを乗り越えたスナックのママの話をよく耳にします。

ファンベースの大きな利点は、**危機的状況で助けてくれるファンが増える**ことです。企業や個人もどのような状況で窮地に立たされるかわかりません。

ファンが増えることは、困難を乗り越える力につながります。

ファンがファンを増やす

また、ファンの中でも、ファンがファンを呼んでくれる現象があります。つまり、**コアなファンがファン層の拡大を担います。**

人は自分が好きな商品やサービスを自然と周りに広めたくなるものです。

「この化粧品いいから、使ってみて！」「このゲーム面白いから、やってみて！」など、皆さんも自分がよいと思ったものを積極的に人に勧めた経験があるはずです。

さらに、こうした口コミは企業からの発信よりも高い価

値があります。

　株式会社アスマークが実施した全国20〜50代男女の調査結果によると、**最も信頼できる情報源は、インフルエンサーや専門家ではなく「友人・知人・家族」だということ**がわかっています。

　つまり、企業や個人が自ら宣伝するよりも、ファンが身近な友人や家族に推薦することのほうが、新たなファンの獲得につながりやすいのです。
　ファンベースをもってアプローチ方法を考えれば、新規ユーザー獲得にかかるコストを削減できるだけでなく、自然な口コミの形成にもつながります。

　このファンベースの考え方を活用したマーケティングは、SNSを通じて無料で実践できます。
　実際に、SNSでファンベースの考え方を活かして成功を収めている企業も数多く存在します。

ファンベース×SNSマーケティング

企業も続々と採用するファンベース

ファンベースでは、**ユーザーとの交流が積極的に行われる**のが特徴です。ファンベースを軸にSNSマーケティングを実施する企業を紹介します。

サンドイッチチェーンのサブウェイ公式Xアカウント（@subwayjp）のフォロワー数は約115万人（2024年9月時点）。話せる公式として、「#サブウェイ」の投稿を探して、ユーザーに話しかけるスタイルで運用しています。

「サブウェイ食べたら美味しかった」といったユーザーの投稿に、「ありがとうございます。全部で3種類あるので食べ比べしてください」というような丁寧なリアクションを行っています。

SNSでサブウェイのことをつぶやいている人が多いということに気づいて施策がスタートしました。

2018年から比較するとフォロワーは約5倍になっています。

ファンを大切なブランドの代弁者として相互関係を構築し、ファンが積極的に宣伝してくれるような状況になって

いるのです。

　また、**企業とファンが共同で何かに取り組む**例も、近年多く見られるようになりました。

　作業服専門店のワークマンは、ワークマン公式アンバサダープログラムを実施しています。

　このプログラムでは、SNSでワークマンの製品について発信する愛用者を公式アンバサダーに認定します。アンバサダーは製品への助言や新製品の発表会への招待を受けます。

　日頃から製品に愛着をもって発信しているユーザーのため、認定されたときの喜びも大きいでしょう。

　また、公式アンバサダーは積極的に情報を発信するため、拡散力も高いです。

　ファンとともにブランドを構築していくことは、ファンベース施策の特徴といえます。

　最近、ファンベースと関連してライブコマースという新たな通販手法が登場しています。

　これはライブ配信とオンライン販売を組み合わせたもので、視聴者がリアルタイムで商品を購入できます。**運営者と視聴者がリアルタイムでやり取りできる点が大きな特徴**です。

　ユーザーは使い方や疑問をコメントで投稿し、運営側がそれに回答するため、ユーザーの悩みをすぐに解決でき

ます。

　商品 URL を提供することで、購入までの流れもスムーズに行えます。文字や画像だけでは伝わりにくい商品の実際の使用感を伝えられるので、アパレルや化粧品、食品といった業界との相性が特によいです。

　ライブコマースには YouTube や Instagram といった SNS も活用されています。

　同じように、エスビー食品は YouTube で「S&B SPICE&HERB TV」というライブ配信を行っています。

　料理の専門家を招き、料理教室のような形式で実施する配信が人気を集めています。

　視聴者のコメントに回答することによる交流も行っており、料理の過程をリアルタイムで見ることができるため、料理のイメージがより具体的に伝わってきます。

　ライブ配信を上手に活用している好例といえます。

　このようにファンベースは幅広い業種に活用されている手法なのです。

フォロワーをファンに変える！
SNSの活用術

「共感」「愛着」「信頼」の強化が基本

　ファンベースの施策では、個人や企業の大切にしている価値を強化することで支持を高めることができます。

　この価値は、「**共感**」「**愛着**」「**信頼**」の３つに分類できます。

　まず、共感を深めることで、個人や企業の大切にしている考え方や姿勢をユーザーに受け取ってもらえます。

　次に、愛着を育むことで、代えがたい特別な存在として認識されるようになります。

　そして、信頼を築くことで、ユーザーは進んでついてきてくれるコアなファンへとなってくれます。

　このアプローチをSNSで実践することで、フォロワーとの絆が強固になり、熱狂的なファンを獲得できるのです。

共感を強くする

共感を強めるには、まずファンの声に耳を傾ける必要が

あります。

　前提として、支持されている価値を理解しなければ、ファンに愛されるポイントを磨き上げることはできません。

　よりよい商材を提供しようとしても、知らず知らずのうちにユーザーの期待とは裏腹な方向に進んでしまうのはよくあることです。

「新作が想像していたものと違う……」
「大衆受けするようになって、独自性が失われた……」
「もともとのコンセプトから外れてしまっている……」

　このような感想を抱いて離れていくファンは少なくないです。

　自分や自社のことを客観的に分析して、ユーザーが離脱していくのを防止すればよいのですが、どうしても主観が入ってしまうため難しいと思います。

　そのため、ファンの本音を知る方法として、**サービスを利用しているお客様にアンケートを実施することが効果的**です。

　ヒアリングした長所や短所をリストアップすることで、選ばれている理由や改善点が自然と見えてきます。

　どのような言葉が刺さり、そしてどの言葉が刺さらないかまで把握できれば、ファンの心に訴えかけるコンテンツも自ずと明らかになります。

次に、**ファンであることに自信をもってもらう**ことが重要です。

誰でも自分の感覚に自信をもつのは難しいものです。本当に応援してもよいのかと不安を抱える人も多いでしょう。

そのような状態で周りの人から「それってそんなにいいの？」と言われたら、心が揺らぎ、他の商品がいいかもしれないと考えてしまう可能性があります。自信がなければSNS に口コミを投稿してもらえません。

そのため、胸を張って支持してもらえるような施策を講じる必要があります。

ファンに自信をもってもらうためには、**ユーザーの声を活用する**ことが効果的です。

自分だけが支持しているという状態は不安です。**商品に対する肯定的な意見をシェア**することで、「私以外にも応援している人がいるんだ」と気づき、自信につながります。「顧客満足度 No.1」「受講者 1,000 人」といった、他人にもわかりやすく説明しやすい実績や経験を開示することも、ファンの自信を高める方法です。

そして、**既存顧客を新規顧客より優先して喜ばせる**ことも忘れてはいけません。大切にされていると実感できれば、感情的なつながりがより強固になります。

顧客を喜ばせる効果的な方法は、ファンからの意見を積極的に取り入れ、実践することです。

たとえば、YouTube では視聴者が求める企画を実施した

り、SNS を通じてファン参加型のイベントを開催したりすることが考えられます。

つまり、**ファンの要望を起点に行動することが**、顧客満足度の向上につながります。

愛着を強くする方法

他人にとってはそれほど価値がないモノでも、自分にとってはかけがえのない大切なモノが誰しもあると思います。大切な人からもらったプレゼント、両親の形見、幼い頃から大切にしているぬいぐるみなどがそれにあたるのではないでしょうか。

これらに共通しているのは、**他に代えがたいストーリーがある**ことです。

当事者にしかわからない思い出や物語のような自分や自社の想いを商材に乗せる。

つまり、**愛着を育むには、商材にストーリーやドラマをまとわせること**が大切です。

商材の開発に至る経緯には試行錯誤があったはずです。その過程や背景などをファンが共感しやすいストーリーとともに公開することが効果的です。

このストーリーを発信するときに意識したいのが、**弱みや苦労を見せる**ことです。

天才やもとからできる人間に対して、人は素直にすごい

とは感じますが、身近な存在には感じません。失敗したことも包み隠さずに見せることで人間味を感じてもらい、自分に近い存在だと思って愛着を感じてもらえます。

企業が運営している場合、特に人間味が見えにくいので、アカウントをロゴマークにするのではなく、**キャラクターのアイコンにすると愛着が育まれやすい**です。

サービスそのものではなく、そこに付随するストーリーを買われていると考えたほうがよいです。

また、**ファンとの接点を大切にすることで、代えがたい体験を提供する存在**になります。

コメント、「いいね」、シェア機能を活用してコミュニケーションを取っていきましょう。

特にアカウント運用開始時は、できる限りすべてのコメントに返信するのが望ましいです。「コメントありがとうございます」「次回もぜひお楽しみください」といった短文でも、好感度向上につながります。

公式からのリアクションを受けたユーザーは、それを好意的に捉えます。

フォロワーが5,000人程度になると、大量のコメントが寄せられることがありますが、5〜10件程度返信するだけでも十分です。

ユーザーは「今回は返信がもらえるかも」と期待してコメントを書くため、つながりを感じてもらえます。

返信が難しい場合は、すべてのコメントに「いいね」を

つけるだけでも効果的です。

丁寧に返信する際は、**共感を示すのもよい**でしょう。

「私も同じように感じます」「〜な点が役立ちました」などと伝えると、ユーザーは理解してもらえていると感じ、より親近感や愛着が深まります。

逆に、相手を否定したり、投稿を読んでいないことがわかるような安易なコメントをしたりすることは、悪印象を与えるので控えましょう。

また、日頃から「おはようございます」「今年もよろしくお願いします」といった挨拶を交わすだけでも、ファンとの接点を大切にすることにつながります。

さらに、**ファンが交流できる場所をつくる**ことで、深い接点を築いていきましょう。

オンラインコミュニティやファンイベントの開催も効果的です。

ファンが気軽に意見を発信できる環境を整えることで、SNSアカウントを中心とした新たな体験が生まれます。

特におすすめなのは、**定期的なライブ配信**です。ファン同士がコメントを通じて交流できるうえ、全国どこからでも気軽に参加できるため、ハードルが低いのが魅力です。ライブ配信のコツは第5章で解説します。

信頼を強くする

ファンの支持を強固にするには、信頼関係を築く必要があります。信頼を得るには、まず**誠実な姿勢で取り組む**ことが最も重要です。

まずは、**不快感を与えない発信を心がける**ことです。

Xでは@ユーザー名を入力して投稿することで、入力したユーザーに通知を届けることができます。メンションと呼ばれ、他者に言及することで交流のきっかけになります。

注意点としては、過度なメンションは避けるべきです。頻繁なメンションは、相手に通知が届く度に煩わしさを感じさせたり、自身の投稿のシェアを狙っているという印象を与えたりしてしまいます。

また、SNSは日常を共有する場であることを念頭に置き、キャンペーンやサービスの宣伝に偏らないようにしましょう。ユーザー視点で、その投稿の印象を考えて、目的を意識した発信を行ってください。

透明性を確保することも見過ごせません。何かを隠したり、ごまかしたりする人は信頼を得られません。不祥事や失敗を含め、**包み隠さず正直であることが大切**です。

透明性に関連する動きとして、「カーボンフットプリント」があります。

これは、商品の原材料調達から輸送、販売、廃棄、リサ

イクルまでの全過程で排出される温室効果ガスを CO2 に換算し、商品ラベルに表示する仕組みです。CO2 排出量を可視化することで、商品の透明性を高められます。

それにより、消費者は環境負荷という観点から、商品を評価して選択ができるのです。

この取り組みで注目を集めたのが、アメリカのコスメブランド cocokind です。2021 年 3 月にカーボンフットプリントを表示した新パッケージの展開を発表した Instagram の投稿が大きな反響を呼びました。

透明性を高める企業の姿勢が賛同を集め、環境負荷の少ない商品を重視するユーザーから支持を得たのです。

自分を偽って優れた人間に見せようとしても、現代では簡単に明るみに出てしまいます。不都合なことも明らかにすることがファン獲得につながります。

そして、誠実に向き合うべき対象は、企業の場合、社員に対しても同様です。

いくら隠そうとしても、企業の不祥事は、SNS ですぐに表面化してしまいます。

外部だけでなく、内部においても信頼関係を構築することが不可欠なのです。

このような手段で共感、愛着、信頼を深められます。

ファンをコアファンに変える！
SNSの活用術

「熱狂」「無二」「応援」へ

　ファンをより絆の強いコアファンに育てるには、**共感、愛着、信頼の価値をさらに高める**ことが重要です。

　具体的には、共感の価値をさらに強化して熱狂される存在へと昇華させ、愛着を代えがたい無二の存在にまで高め、信頼を深めて応援の気持ちを醸成しましょう。

　これにより、ファンの生涯価値（LTV）の向上にもつながり、強固な支持基盤が築かれます。

共感を「熱狂」に

　共感を高め熱狂される存在になるには、**大切にしている価値をより強く押し出す**ことが重要です。

　万人受けを狙うのではなく、一部の人の心に響く強いメッセージを発信することが効果的です。

　たとえば、スポーツ用品メーカーのナイキは、トランスジェンダー女性のディラン・マルベイニーとのコラボレーションキャンペーンで批判を受けましたが、強い意志と信念をもって企画を貫きました。

強いメッセージは一部の人からブランドを遠ざけること
になりますが、同じ価値観をもつ人からの共感はより深ま
ります。

　このようなメッセージを発信する方法は、言葉だけに限
りません。
企業の理念に共鳴する人物をインフルエンサーマーケティングに起用することや、自社のアカウントと直接的な関連がなくても自社の考えに近い投稿をシェアすることもメッセージの発信となります。

　留意しておきたのが、共感は求めるものではなく、**発信したものが結果として「共感される」もの**ということです。
　ユーザーの視点に立つこともももちろん大切ですが、自社
の価値観と異なるメッセージを発信することは一貫性を損
ない、信頼を失う原因にもなります。
　そのため、メッセージは**自分たちの価値観をありのまま
伝える**必要があります。
　誰にでも、自分の話に共感してくれる友人が一人はいる
ものです。
　SNSには膨大なユーザーがいるため、あなたの理念に
共感してくれる人は必ずいます。
　自社の価値や理念を一貫して強く発信し続けることで、
共感を深めることができるのです。

愛着を「無二」に

愛着は忘れられない体験や感動をつくることで、無二の存在に昇華されます。

SNSから発展してリアルなイベントを実施するのも体験や感動の一つの方法です。

そこで起きた出来事が素晴らしければ、それだけで感動につながるでしょう。

ただし、**ユーザーが感動を覚えるポイントは人それぞれ**です。SNSでユーザーの悩みに寄り添いメッセージを送ることでも「こんなに親身に接してくれるなんて！」と大きな感動を感じられることもあります。

ファンの意見を商品やサービスに取り入れることも効果的です。

「こんな商品がほしい」「改善してほしい」といったファンの意見を聞く場所をSNS上に設けます。

ファンの声を受け入れる体制を整え、それを実際のサービスに反映させることで、ユーザーにかけがえのない体験を提供できます。

自分の意見が採用され、実際に商材に反映されることは、ユーザーに大きな喜びをもたらします。

参加意識が高まり、強い体験となり、そして大きな感動へとつながるのです。

信頼を「応援」に

応援される存在になるには、等身大の発信を増やしていくことが大切です。

まず、理念や価値観とは別に、日常生活の様子を垣間見せることで応援しやすくなります。

特に企業のアカウントは人の姿が見えにくいものです。SNSで仕事の様子などを発信するだけでも、「実際に頑張っているんだ」「しっかり取り組んでいるんだ」と理解され、応援してもらいやすくなります。

次に、SNSで目標を宣言し、**有言実行を続ける**ことがポイントです。宣言したことを実現することで強い信頼が生まれます。目指す方向が明確だと、ユーザーも応援の仕方がわかりやすいですし、チャレンジの達成を見ることで、応援する側も喜びを感じられます。

途中で諦めてしまっては、応援する側の気持ちも薄れていってしまいます。言葉通りに行動し続けることで、「この人なら大丈夫」という安心感が生まれ、継続的な応援につながります。

さらに、**伸びしろを見せる**ことも重要です。

現状から遠い目標を掲げるほど、応援のしがいがあります。「日本の伝統芸能の素晴らしさを3人に知ってもらう」

よりも「日本の伝統芸能を世界に広める」という目標のほうが、成功したときの姿を想像してワクワクし、より応援したくなるはずです。

　仮に成功できなかったとしても有言実行をするために、真摯に目標に向き合っていればユーザーは応援したくなります。謙虚な姿勢も大切ですが、**自分や自社がしたいことをユーザーに共有することで応援へと進化する**のです。
　ファンベースの考え方では、**共感を熱狂に、愛着を無二に、信頼を応援にアップデートする**ことで、コアなファンを増やすことができます。

〈ファンの支持をアップデートする3つのアプローチ〉

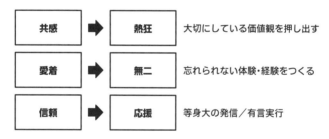

コアファンを増やす心理学

ファン獲得につながる心理学

　SNS でコアファンを増やすには、人の行動や考え方に影響を与える心理術でアプローチするのも効果的です。

　心理学は、人々が意思決定する際の思考プロセスや感情、行動を研究しており、SNS での発信を通じてファンを獲得する方法にも応用できます。

　ここでは、コアファンを増やすのに役立つ心理学を 6 つ紹介します。

①社会的証明の原理

　社会的証明の原理とは、**多数派の考えを正しいと判断し、それに従って意思決定をする心理**のことです。

　何かを選択する際、失敗を避けたいと思うと、多くの人と同じ選択肢を選ぶほうが安心感を得られると思います。

　レビューの星の数が多い商品が売れやすいのも、行列のできる飲食店に行きたがるのも、社会的証明の原理が働いているからです。

　多くの人は、みんながしていることをしたがるものなのです。特に日本人は同調圧力が強く、その影響は大きいと

思います。

　この社会的証明の原理を利用し、コアファンを増やすために「みんなが支持しているのだから、きっといいものだろう。だから私も支持しよう」といった流れを狙います。

　サービスを利用してくれた人の声を拾い上げることで、安心感を提供するのも有効です。

　ただし、企業が「〜というお声をいただいております」という形式で提示するのは避けたほうがよいといえます。メッセージだけだと自作自演の可能性があると疑われるため、信頼されにくいからです。

　信憑性を上げるには、**リポストやスクリーンショットで実際の投稿を紹介するほうが効果的**です。

　プロフィールに**実績や肩書を掲載する**のも有効です。「〜万人が利用」「今、売れている」といった具体的な表現や受賞歴、資格なども効果的でしょう。

　社会的証明の原理は、ユーザーが支持するかどうか迷っているときに特に効果を発揮します。

　ファンになるかどうか迷っている人をファンにするには、この原理を理解し活用することが大切なのです。

②返報性の原理

　返報性の原理とは、**人から何かを与えてもらったら、「こちらもお返ししないと申し訳ない」といった心理が働くこと**です。

情報提供も与える行為の一つです。無料で良質な情報を届けることで、「こんなによい情報を無料で届けてくれてありがとう」と思い、口コミなどのアクションをするようになります。

SNSマーケティングで成功するには、まず相手にどれだけ与えられるかを意識することです。

有益な情報も惜しみなく提供しましょう。こちらから見返りを求めると下心を感じ取られるため、純粋に相手を喜ばせることだけを意識してください。

何かを与える際は利益を求めずに、相手を喜ばせることだけを意識することです。

成功しているYouTuberに共通する特徴として、全視聴者のコメントに、「いいね」をすることがあります。

このような小さな行動でも十分効果を発揮します。

③スノッブ効果

スノッブ効果とは、**誰でも簡単に手に入るものよりも、希少性や限定性が高いものに魅力を感じる心理**のことです。

「店舗限定」「数量限定」「期間限定」といった表現は、入手困難さを示唆し、スノッブ効果を引き出します。

他人がもっていないものを手に入れられるという期待感が、購買意欲を高めるのです。

SNSでのライブ配信も、毎日ではなく週1回の頻度にすることで、希少性が生まれ、視聴者を惹きつける可能性が高まります。

さらに、「LINE登録で先着5名様限定プレゼント」といった告知をInstagramで行い、コアなファン向けの情報を発信しているLINEへの誘導にも活用できます。

この際、商品のオリジナリティを強調することで、より大きな効果を発揮します。

④ザイオンス効果（単純接触効果）

ザイオンス効果とは、**何度も接触することで好感度や評価が高まる心理的効果**を指します。

もともと興味がない人物や物事でも、繰り返し流れるCMの曲を覚えてしまったり、初対面では気にならなかった人と何度か顔を合わせるうちに安心感を抱いたりする経験は、誰にでもあるでしょう。

SNSで目にしてもらう機会を増やすことで、ザイオンス効果により好感度が上がります。毎回「いいね」をすると、「この人はいつも反応してくれるな」と次第に覚えてもらえ、フォローにつながることがあります。

⑤ウィンザー効果

ウィンザー効果とは、**当事者が自ら発信する情報よりも第三者が発信した情報のほうが信頼を得やすい**という心理効果です。

これは、企業が自社のサービスを売り込む際、メリットを強調しがちであるのに対し、利害関係のない第三者からの情報は信憑性が高いと判断されやすいため起こるもの

です。

　企業のウェブサイトによく「お客様の声」が掲載されているのも、このウィンザー効果を活用した例といえるでしょう。まさに、これは口コミの力を裏付ける心理効果といえます。

　ウィンザー効果は X や Instagram のアンケート機能を通じて活用できます。**フォロワーに向けたアンケートを実施することで、その効果を得ることができます。**

　たとえば、X の投票機能では「あなたの好きな食べ物は？」という質問に対し、「ごはん」「パン」の２択で回答を募ることができます。投票数と各選択肢の得票率が表示されます。これを応用して「A 社のサービスを利用していますか？」と尋ねれば、多くの人が利用していることを自然な形で示すことができ、ファン獲得につなげられます。

　SNS キャンペーンでもこの効果がよく活用されています。「抽選で 10 名様に 1,000 ポイントプレゼント」といったキャンペーンの参加条件に「自社の商品を使った感想」や「自社の商品を使った写真の投稿」を含めることで、特典を目当てとした口コミを意図的に生み出すことができます。結果として利害関係があることは明確になりますが、第三者の口コミの力を意図的に生み出す方法としては使えます。

　インフルエンサーマーケティングもウィンザー効果を狙

第 3 章　ファンベース SNS マーケティングで大切な「人」の力　113

うのに適していると考えられています。ただし、2023年10月に施行されたステマ規制法により、第三者が商品を宣伝する際は広告表示が必須となり、違反すれば行政処分の対象となります。広告でない形のほうが効果はありますが、法律違反になるため気をつけましょう。

⑥アンダードッグ効果

アンダードッグ効果とは、**不利または弱い立場のほうを応援したくなる心理現象**のことを指します。野球では強豪校に食い下がる弱小校を応援したくなり、格闘技では大柄な選手より小柄な選手を応援したくなると思います。

リレーで転んでも必死に走る子ども、不人気なキャラクターに集まる人気投票、応援される不遇な主人公、これらはすべてアンダードッグ効果によるものです。

不利な状況でも頑張っている姿を見ると、同情心が働き、応援したくなるのです。SNSでは、大量に陳列された商品とともに「発注ミスをしてしまいました！ 助けてください」といった投稿も、この効果を活用した例の一つです。

大企業に比べてリソースが不足している中小企業や、インフルエンサーに比べて知名度のない個人は、一見すると劣勢に見えます。しかし、**アンダードッグ効果を活用することで、この不利な立場を逆手に取り、ファンを増やすことができるのです。**

たとえば、TikTokを活用し、苦しい経営状況を赤裸々に

告白し、ユーザーのアドバイスを真摯に受け止めて改善に努める様子が、熱烈なファン獲得につながった事例があります。

また、スキー場が「ぶっちゃけ、つぶれそうです」「助けてください」などと切実な自虐を書いたポスターの画像をTwitter（現X）に投稿したところ、大きな反響を呼びました。この自虐的な投稿は全国のニュースでも取り上げられるほどの話題となり、結果として多くの人が現地に駆けつけました。

アンダードッグ効果を活用するポイントは、単に逆境を公表すればよいというわけではありません。

劣勢でも必死に頑張る姿が人々の心を打つのです。どのような取り組みの結果、逆境に立たされているのかをありのままに見せる必要があります。ここでも嘘偽りのない誠実な発信が求められることを心に留めておくとよいでしょう。

このような心理術の効果を活かし、SNSでさまざまな施策を考えてみましょう。

コアファンのための SNS の活用術

コアファンだから刺さる手法

コアファンだからこそ効果を発揮するコミュニケーションのやり方もあります。

実践すると、コアファンとの関係をより強固にすることができるはずです。

・独自の言葉をつくる

ファン同士だけがわかる独自の言葉をつくることで、**所属意識を芽生えさせるのは効果的**です。

同じ用語を使うファン同士の一体感が強くなります。同じ方言を使う人同士は親近感がわくものですし、今まで距離があると思っていた関係でも共通言語があることで、急に距離が縮まることがあります。

独自の言葉を使うことは、共通の文化や価値をもっていることの証明となり、社会的なつながりとしても機能します。

独自の言葉は、必ずしもオリジナリティのある独特な言葉である必要はありません。

「この人といえば、これ」というイメージをつくるような感覚で自分の価値観を繰り返し発信していきましょう。「夢は必ず叶う」「努力は裏切らない」といったありふれた言葉でも構いません。

やがてコアなファンも同じ言葉を使うようになり、ファン同士のつながりが強化されていきます。

・貢献度を伝える

自分の行動が評価されるのは誰もがうれしいものです。

しかし、熱心に応援してくれる人への感謝の気持ちを形で示さなければ、「これだけ尽くしても意味がないかも」と離れてしまう可能性があります。

そのため、**ファンにはどの程度、貢献しているかを示す必要があります。**

クレジットカード会社では、貢献度をランクづけして特別な地位を与えることで、その価値を示しています。

ランクが上がるにつれて審査基準も厳しくなりますが、カード所有者だけの特典や優待サービスが付帯するようになります。

ランクを上げることは、会社からも高く評価されていることの証しとなるため、居心地のよさを感じてカード会社を変える選択肢が狭まるでしょう。

どのような形でも構いません。

SNSで感謝の気持ちを文章として投稿するのもよいで

すし、口コミを発信してくれたファンだけが見られる特別なコンテンツの配信や、限定イベントの開催をしてもよいでしょう。

数多くの発信者の中から自分を選んでもらえることは、非常にありがたいことです。

ときに失敗しても支えてくれるファンには、日頃から感謝の気持ちを伝え、絆を大切にしましょう。

・ファンの名前を覚える

貢献度を伝える重要な手段の一つともいえるのが、名前を覚えることです。

名前を覚えてもらえると、うれしい気持ちになるものです。ファンにとっては、関心をもたれていると感じ、親近感がわきます。

コミュニティの一員として個別に認識されている感覚が生まれ、所属意識の強化にもつながります。

さらに、「Aさんは前回こんなコメントをしてくださいましたよね？」とその人との会話やエピソードを覚えているだけで、より一層特別感を感じてもらえます。

ホテルで名前を言わなくても手続きがスムーズに進むと、VIP待遇を受けているように感じるはずです。名前を覚えることは、特別なサービスを提供するのと同じような効果があるのです。

ライブ配信やリプライで「Aさん、いつもありがとうございます！」のように名前を添えてコメントすることで、

名前を覚えていることを効果的に伝えられます。

・応援方法を提示する

　日頃からファンを大切にしていれば、ファンも感謝の気持ちから「何か恩返しできることはないか」と考えるものです。

　また、強いコミュニティ意識を感じていれば、そのコミュニティに貢献したいと思うはずです。

　ただ、ファンには応援したい気持ちがあっても、何をすれば喜ばれるかわからなければ、行動に移せません。そのため、どのように応援してほしいかを具体的に示すことも、ファンの喜びにつながります。

　たとえば、「このイベントを必ず成功させたいので、皆さんも情報をシェアしてください」と伝えれば、応援の仕方が明確になり、協力しやすくなります。ときには「ピンチなので助けてください」と率直に頼ることも大切です。

　しかし、常に応援を求めていては、ファンに負担を感じさせたり、見返りを求めているように思われたりして、離れていく可能性があります。

　応援は本当に必要なときにだけ求めるのが適切です。

　ファンベースの考え方を実践することで、ファンとの関係を構築できます。

　ただし、SNSでの発信を日々継続しなければ、その関係が解消される可能性もあります。

ファン向けのコンテンツを作成

　さらに、SNSを活用してファン向けのコンテンツを作成し、発信することで、コアファンの満足度を高めることが期待できます。

・チュートリアル動画

　ファンになって商材を購入した人のために、チュートリアル動画を作成するのも効果的です。

　チュートリアル動画とは説明書やマニュアルを動画化したものです。ファンが解決するのが難しい問題を想定して作成するのがポイントです。

　説明書だけでは伝わりにくいサービスの利用方法や製品の使い方などを視覚的にわかりやすく解説することで、ユーザーはスムーズにサービスや製品を利用でき、満足度も高まります。

　テロップやナレーションを追加することで、より親切でわかりやすい内容となり、理解度も向上します。

　また、複数の動画に分けることで、より詳細な解説が可能になります。

　スマートフォンからいつでもどこでも、手軽に確認できるのも特徴です。さらに、活用事例などの応用知識も紹介することでサービスや商品の使い方の幅を広げてもらうことも可能です。

チュートリアル動画の作成に加えて、ファンが投稿した使用例をシェアするのも効果的です。これにより、自分と感性の近い人々がどのように商品を活用しているかを知ることができ、新たな使い方のヒントを得ることもできます。

・アクティブサポート

アクティブサポートとは、運営側から積極的にサポートを提供する手法です。

SNSで商材への不満や悩みを見つけ出し、リプライによって解決策を提案します。

従来は問い合わせを待つのが一般的でしたが、SNSで反応が可視化されたことで能動的な対応が可能になりました。**迅速な問題解決によって、ファンが離れるのを防ぎ、信頼関係を構築**できます。リプライによるやり取りは、他のユーザーからも見られるため、誠実な対応で好印象を得られれば、新たなファンの獲得にもつながります。

主に利用されているSNSはXで、テキストベースのコミュニケーションが取りやすいため相性がよいです。ファンの反応は、会社名、商材名、キャンペーン名などのキーワード検索で見つけられます。

解決策を提案する際は、適切な距離感が重要です。

空気を読んで、会話が盛り上がっているときなどに返信するのは控えましょう。何度もコメントを繰り返すとしつこい印象をもたれるので「返信がなければ1件まで」など

ルールを設定することが大切です。

適切な言葉遣いとトーンにも気を配ります。不快感を与えるコミュニケーションは炎上を招き、ブランドイメージを損なう可能性があります。

また、定型文のような回答は誠意に欠けると思われかねません。ファンに寄り添った、個別の状況に応じた文章を心がけてください。

アクティブサポートは、公式アカウントとは別のカスタマーサポート用アカウントで行うのが一般的です。そうすることで、公式アカウントの世界観を保つことができます。

・イベント後のコンテンツを作成

SNS運用を通じてファンとのコミュニティイベントを実施する機会があるかもしれません。同じ体験を共有した参加者同士が価値観を共有し、交流が盛り上がることで、ファン同士の絆がより深まります。

このような効果を促進するため、**イベントのハイライト動画や写真を投稿し、思い出を共有することが効果的**です。そうすることで、当日の雰囲気を思い出し、イベントの余韻を長く楽しむことができます。

参加者の声をシェアすることも有効で、リアルな体験談や当日のリアルな感動を共有でき、イベントの雰囲気をよ

りよく伝えられます。

　イベントの裏側や裏話に関する動画を投稿することも、ファンにとって興味深い内容となります。しっかり感謝を伝えることも大切です。

　これらの取り組みにより、イベントに参加できなかったファンもその雰囲気を知ることができ、次回への参加意欲を高めることにつながります。

　これらの方法を適切に実践することで、コアファンとの関係をより強固にし、長期的な支持を得ることができます。

　ただし、SNSでの発信を日々継続しなければ、その関係が解消される可能性もあります。

バズは一瞬、売れるは継続

継続しないとファンは離れる

ファンベースの考え方でSNSに取り組むと、継続的に応援してもらえる存在になることができます。

この考え方は、短期的なバズりを目指すものではなく、ファンとの関係性を維持することに重点を置いています。

そのため、**ファンを獲得した後のSNS運用では、一貫性のあるメッセージを粘り強く発信し続けることが重要**です。

この継続的な努力により、ファンが徐々に増え、時間とともに大きな成果を得ることができます。

逆にいえば、ファンベースの施策がどんなに優れていても、継続できなければファンは徐々に離れていき、信頼性も失われてしまいます。

しかし、この継続することこそ、SNS運用で最も難しいポイントです。

ファンを獲得したら終わりではなく、継続的にファンとの交流や新規ファンの獲得を続けていかなければいけません。

SNSマーケティングを正しく継続するだけで、自然と投稿の質も上がり、応援してくれる人も着実に増えていきます。

　自己成長の機会にもなり、人間関係も広がります。これらの利点があるにもかかわらず、さまざまな要因で継続が困難になってしまうのが現実です。

　皆さんも何かを途中でやめてしまった経験があるのではないでしょうか。英会話、筋トレ、ギターなど、1年続けばいいところを、3日も続かなかった経験があると思います。

　このように考えると、終わりのないSNS運用に取り組むのは非常に難しく感じられるはずです。

　自己の意志力だけに頼ると継続することは困難です。SNSは運用の仕方だけでなく、継続するための術も知っておく必要があります。

途中でやめるのはもったいない

　SNSを途中でやめることには、さまざまなデメリットがあります。

　SNSは長期的な運用を通じてファンとの信頼関係を構築し、成果を上げていく手法です。中途半端にやめると、得られる恩恵が少なく、それまで費やした時間や労力に見合う成果を得ることは難しいといえます。

第3章　ファンベースSNSマーケティングで大切な「人」の力　125

これまでの SNS 運用で獲得したファンとのつながりは、たとえ少数でも貴重です。

　しかし、途中でやめてしまうと、ファンは期待を裏切られたように感じ、信頼を失う可能性があります。成果を得るためにはじめた SNS 運用で、ブランドイメージが低下してしまうのは残念なことです。

　さらに、途中でやめると SNS に対して苦手意識をもつ恐れがあります。挫折の記憶が残り、「一度だめだったから、もうだめなんじゃないか」というネガティブな印象を抱き、再挑戦する際にも躊躇してしまいます。

　成功体験がなければ、SNS に対して自信をもつことができず、スキルとして活用することも困難になります。

　企業の場合、SNS の必要性が再び高まっても、一度失敗すると社内の許可を得にくくなります。

　そのため、SNS をはじめる前に十分な計画や知識をもつことが重要です。そうすれば、困難に直面しても粘り強く継続することができます。

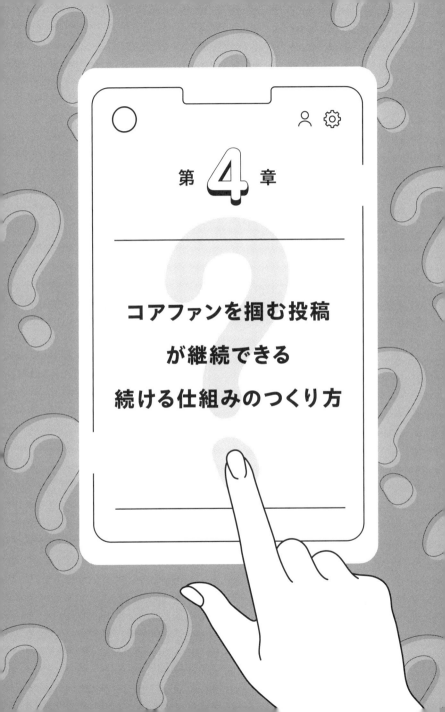

第4章

コアファンを掴む投稿が継続できる続ける仕組みのつくり方

昨日のやる気が今日出てこない……

SNSが面倒になるのはみんな同じ

「いくらつぶやいてもいいねがつかず心が折れそう」
「考え込んでしまい投稿できない」
「もうやる気が出ない……」

SNSをはじめるにあたっては継続することが難しい現実をまずは理解してください。

私の感覚でいえば、熱量をもって本気で取り組もうとはじめた人でも**1年間で半分ほど、2〜3年で8〜9割がやめてしまう**印象です。

あと少しで成果が出そうなのに、やめてしまう人も多く見てきました。

SNSが続かなくなるのは、**投稿するタスクが習慣化できておらず、作業が面倒になってこなせなくなる**ことが主な原因です。

面倒に感じるようになるのは、SNSが当たり前なものではないからです。

歯を磨くことやお風呂に入るなどの当たり前の作業を面倒だからといって、やめることはないでしょう。

つまり、SNSへの投稿を歯磨きのように日常的な感覚でできるようになれば継続が可能になります。これは**習慣化の仕組みを構築することで実現できる**のです。

SNSを投稿する習慣は誰でも**30日程度**で身につきます。また、モチベーションを意志力だけに頼って維持しようとするとうまくいきません。

思ったような成果が出ないなどのネガティブなことでモチベーションは簡単に下がり、継続することが困難になります。

SNS投稿はつらいものではなく、自分の成長を実感しながら取り組める楽しいものであり、それを実感するための術を身につけることが大切です。

継続できない原因

SNSを見ているとコンテンツの中身はよくても、いつの間にか投稿がなくなっているアカウントを見かけます。**継続できない個人や企業には共通点**があります。

・発信する目的が明確になっていない

とりあえずSNSをやっておこうなどのように明確な目的なくはじめると、長続きしません。

やめる理由はさまざまですが、その多くは**計画性の欠如となんとなくはじめてしまうことが原因**です。

第4章　コアファンを掴む投稿が継続できる続ける仕組みのつくり方

ゴールが見えていないと、何をどこまで頑張ればいいか わからず、続けることが困難になります。

ダイエットのときも、とりあえず痩せよう程度の動機で はじめると、今日はいいかなと自分に甘くなり、間食をし たり運動をやらなくなったりしてしまいがちです。

しかし、明確な目的を定めることで状況は変わります。 単に痩せるではなく、夏までに5kg減量と決めれば、達成 時の姿を想像しやすくなり、成果につながる最短ルートを 選べます。

SNSも同様です。発信する目的が曖昧だと、そのとき の気分に影響されて発信の方向性がぶれてしまいます。

そうなると、いつまで経っても成果につながらず、結局 やめてしまうことにつながってしまうのです。

・すぐに成果が出ると思っている

結果がすぐに出ると思い込むと、現実とのギャップで継 続が難しくなります。

はじめる際は、**最初の1年程度は停滞期がある**可能性を 見込んでおく必要があります。

SNSを正しく運用した場合、成果が現れる期間の目安 は、SNSが未経験なら半年～1年程度です。

ある程度アカウントが成長していて調整だけで済むなら 3～6カ月程度、フォロワー数はいるものの売上を上げる 方法がわからない状態であれば1～3カ月程度です。

広告は出稿直後から売上に結びつきやすいため、SNS を同じ感覚で捉えると効果がないと感じて運用を中止してしまうことがよくあります。

SNS の特性を理解し、**地道に積み上げていく**考え方に切り替えましょう。

企業の場合、この前提が共有されていないために「SNS 担当が努力不足だから結果が出ていない」と誤解されることがあります。そうなると、担当者のモチベーションが低下し、さらに結果も出にくくなり、継続が困難になります。

・完璧主義になっている

ユーザーにとって価値のある投稿を目指すことは素晴らしい姿勢です。

しかし、はじめから100点満点の投稿をしようと考えてしまうと試行錯誤を繰り返し、下書きを書いては消すという悪循環に陥ります。

そして、質がよい投稿にこだわりすぎて、内容に満足できずに投稿できない状況になってしまいます。

これが続いてしまうと、なぜ自分にはできないのだろう、と自己肯定感が低下し、投稿自体が苦痛になります。

SNS をうまく運用している人も最初から熟練していたわけではありません。

多くの人が投稿に慣れる過程を経ています。未経験の段階から急激な成長を求めるべきではありません。

完璧主義を捨てて、まずは習慣化することに注力します。

・他人と比べてしまう

　SNSを運用しはじめると、インフルエンサーが自身の考えを発信して、何万もの「いいね」を集めたり、ウィットに富んだ投稿がバズってニュースになったりしたという話題を目にする機会が増えます。

　一方で、自分のアカウントに目を向けると、自信のある投稿にも「いいね」がつかず、フォロワーも少ない状況に自信を失うことがあります。

　次第に他人と比較して自分は向いていない、と判断してしまうようになります。

　さらに問題なのは、「あの人のようにならなければ」とさまざまな人の影響を受け、自分の軸を失い、一貫性のないアカウントになってしまうことです。

　何を発信しているのか不明確なアカウントになり、成果にもつながりません。

　SNSでは独自の価値観を発信するのが大切です。**勝ち負けがあるものではないので、他人と自分を比較してムダに落ち込むのはやめましょう。**

・投稿することがマンネリ化してしまう

　SNSをはじめたばかりの頃は、楽しさを感じることも多いと思います。

　投稿に対してポジティブな反応が得られるとうれしくなりますし、SNS分析ツールでさまざまな数値がリアルタイ

ムで見られるため、反応を追うだけでもワクワクします。

　しかし、慣れてくると終わりの見えない作業に飽きが来て、嫌気が差してしまうことがあります。

　SNSは一度投稿して終わる作業ではなく、毎日続ける必要があります。

　マンネリ化を防ぐには、**一つひとつの作業を楽しむ**ことが重要です。

・ネタが思いつかない

　SNSをはじめた当初は、投稿内容のネタが豊富で、いくらでも出てくるように感じられることがあります。

　しかし、毎日投稿すれば年間365本、1日3回投稿するなら1,095本必要になります。

　当初頭の中にあったネタでは足りず、懸命に考えても何を投稿すべきか思いつかない状態が続くのは、非常につらいものです。

　明日の投稿のネタがないと憂鬱な気分が続き、次第に投稿できない日が増え、諦めてしまうケースがあります。

　ネタが思いつかないのは、自分の頭の中だけで考えているからです。

　何もないところからオリジナルな投稿を考え続けるのは、一部の天才には可能かもしれませんが、大多数の人にとっては難しい芸当です。

　また、オリジナリティを追求しすぎて分析が不足すると、

自己中心的でユーザーの心に響きにくい投稿になってしま
う可能性もあります。

　ゼロから考えるのではなく、第 2 章でも紹介した競合他
社を模倣するような方法を取れば、ネタ切れになることは
ありません。

　このように、継続できない原因はさまざまな要因があり
ます。

　しかし、**継続する仕組みづくり**さえしっかりすれば簡単
に SNS 運用の継続ができます。

　大切なのはやみくもに取り組むことではなく、正しく続
けるためのシステムを構築することです。

やる気は運！
続ける仕組みの8つのカギ

やる気を出すには仕組みが大切

やる気は行動の原動力であり、目標に向かって努力する力につながります。

困難に直面しても、やる気を維持し続けることで成果につながります。

しかし、継続することは簡単ではありません。気分は上下するもので、よい日もあれば悪い日もあります。

そのような中で、常にやる気を一定に保つのは難しいことであり、ある意味、運に左右されてしまう部分もあるといえます。

やる気は無理に出そうとしても出るものではないので、**やる気がない日があっても継続できるような仕組みづくり**をするべきなのです。

ここでは、SNS運用を習慣化するための8つの方法を紹介します。

①習慣化するために簡単な投稿をする

投稿を習慣化するために、まず投稿することに慣れなければいけません。

慣れるためのポイントは、**投稿のハードルを下げる**ことです。

最初は凝った内容を目指さず、短い一文でも構いません。「おはようございます」という挨拶や、「天気がよくて気持ちいい！」といった日常の感想を書くだけでも十分です。

このような投稿はユーザーの関心を引く内容ではないかもしれません。

しかし、習慣化することが何よりも優先であり、意味がないわけではないのです。**一つずつできることを増やしていく**とよいでしょう。

たとえば、「おはようございます」と挨拶できたら、次はもう一言コメントを加えてみる。その次は写真を添付してみる。写真を添付できるようになったら、構図にこだわってみる……といった具合です。

すべてを一度に実践しようとせずに、簡単な作業を段階的にこなしていけば、いつの間にか高度な投稿も、苦労することなくできるようになるはずです。

②投稿日時を決める

投稿の内容を考える時間はまとめて取るのが基本です。

メールチェック、SNS 投稿、プレゼン資料作成などの作業を同時進行できれば効率的に見えますが、実際はそうで

はありません。

　人間は本質的に複数のタスクを同時並行で処理するのが苦手といわれています。

　マルチタスクはストレスを増加させ、集中力を分散させてしまいます。**効率を上げるには、同じような作業に一点集中で取り組みます。**

　SNSの下書き機能を活用し、毎日一つずつではなく、一気に20個程度の投稿を考えるほうが意外とラクです。

　私の場合、10〜30個の投稿をまとめて作成する日を設け、その日は発信しないようにしています。

　また、毎日投稿すると、忙しくて対応できない日が必ず出てきます。投稿をストックしておけば、投稿が足りないと焦る心配がありません。

　さらに、余裕ができるので、ストックした投稿の質を上げる機会も生まれます。

　投稿日時を明確にすると、作業時間の把握が容易になります。SNSについてぼんやり考える時間が減り、作業効率が向上します。

　歯磨きや入浴のように、ある程度決まった時間に行うことで、SNSの習慣化も効率的に進みます。

③投稿本数を固定する

　習慣化するために、投稿本数は固定したほうがよいです。

　投稿の日時を決めていても、よい投稿を思いつくと、もしかしたら今回の投稿はバズるかもしれないと期待を寄せ

てしまい、ついつい複数投稿したくなることがあります。

　しかし、よいアイデアが浮かぶ日がある一方で、あまり思いつかない日もあります。

　そんなとき、ストックがないと焦ってしまいます。気分の浮き沈みで投稿がつらい日もあれば、緊急の仕事で投稿できない場合もあります。ストックは多ければ多いほどよいのです。

　ストックが豊富にあれば心に余裕が生まれます。

　投稿したい衝動を抑えることは、将来の安心感につながるのです。

　投稿本数も投稿日時とともに事前に決めておくとよいでしょう。

④タスクを細分化する

　SNSの投稿は、単一のアクションではなく、複数の工程から成り立っています。

　テーマ選定、ハッシュタグの選択、画像作成などがその例です。投稿のルーティーンを決める際は、**細かなタスクに分解したうえで設定する**のが有効です。

　たとえば、土曜日22時のInstagramでライブ配信すると決めたら、火曜日に台本作成、水曜日に撮影、土曜日にライブという具合に計画を立てます。

　そうすると、よりスケジュールの見通しが立ちやすくなり、作業効率を向上させることにつながります。

⑤ネタ切れになったら同じ投稿を繰り返す

SNSには日々バズるような投稿が無数にあり、それらがネタの宝庫となります。

そのため、競合を分析した投稿をすれば、ネタ切れの心配はありません。

また、分析が追いつかずネタ切れになった場合の対策もあります。それは**1カ月前の反応がよかった投稿を再度投稿する**ことです。

SNSでは同じ投稿を繰り返すとユーザーに飽きられると考えがちですが、実はそうではありません。

むしろ、反応が薄くなるまで活用することが重要です。同じ投稿でも反応があるということは、ユーザーにとって有益な内容だということです。

反応のよかった投稿はストックしておき、1〜2カ月後に再投稿してみます。その際、現在のトレンドに関連づけたり、文言を少し変えたりしてもよいでしょう。

飽きられることを懸念して切り口を変えすぎると、かえって価値観がブレて信頼を失うことになります。

SNSではキャラクターの一貫性が信頼を生むため、同じような投稿を続けても問題ありません。

ネタ切れの原因はインプット不足ではありません。

適切な分析さえすれば、ネタ切れは起こりません。反応がよかった投稿は記憶するだけでなく、なぜ反応がよかったのかを考察することで、新たな投稿のヒントも得られます。

第4章　コアファンを掴む投稿が継続できる続ける仕組みのつくり方

継続の仕組みがつくれたら、投稿が習慣化し、次第に楽になっていきます。

　まずは、内容や質よりも続けられている自分をほめていきましょう。

⑥ストレスの原因を見つけて解決する

　SNSで投稿できない理由の一つとして、ストレスを感じる要因が存在している可能性があります。

　何か引っかかるようなポイントがあると、強い抵抗感を覚え、作業が億劫になってしまいます。

　こういった状況では、**自分のストレスを可視化してから対策を立てるのが効果的**です。

　まず、ストレスを感じていることを思いつく限りノートなどに書き出してみましょう。何がストレスの原因かわからない場合は、各工程を振り返り、気になる点を探ってみてください。

　文章作成、画像作成、テロップ、SNSを閲覧すること、投稿の分析、上司からの評価不足など、SNSに直接関わるものだけでなく、関連する工程も含めて書き出します。問題が明確になったら、具体的な解決策を考えることができるようになります。

　他の担当と分担するのも手ですし、どうしても拒否感を覚える作業には、次の項目で解決するモチベーションを上げる方法を試すのも有効です。

⑦ズーニンの法則を活用する

　やる気が出ずにスマートフォンでさえも手に取るのが億劫になるときがあると思います。そのような場合は、**作業のハードルを下げて、面倒な気持ちがあっても取りかかることが効果的**です。

　アメリカの心理学者レナード・ズーニンが提唱したズーニンの法則があります。これは「**最初の４分間だけ頑張ると、その後もうまくいきやすい**」というものです。

　つまり、作業が面倒でも最初の４分間を乗り越えれば、自然とやる気が高まり、その後も集中して作業に取り組めるという考え方です。

　１時間の作業を考えると気が重くなることもありますが、たった４分だけ頑張ればいいと考えれば、心理的なハードルが下がり、なんとかできそうな気がしてくるはずです。

　この法則を効果的に活用するには、**比較的楽だと感じる作業からはじめるのがコツ**です。いきなり重たい作業に取り組むと、最初の４分間を乗り越えるのが大変だと感じてしまうからです。

⑧なりたい自分を決める

　ここまで紹介した仕組みを実行していくためには、自分が実現したい目標や、なりたい自分の姿があることが前提となります。

　理想があるからこそ、目標達成のための努力ができ、行動に迷いが生じなくなります。

まずは SNS で達成したい具体的な数値目標や、段階的な達成期限を設定します。「〇月〇日までに△△を達成する」という形で具体化すると効果的です。SNS では成果が出るまでの期間が不透明な面もありますが、目標をしっかり設定しつつ、現実的な範囲で調整しながら進めていきます。

　そして、それを**達成するためにはどのような行動が必要かを逆算して考えていきます**。その際は本書で書かれていることが参考になるはずです。

　継続の仕組みがつくれれば、投稿が習慣化し、次第に楽になっていきます。

　まずは、内容や質よりも続けられている自分をほめていきましょう。

SNSモチベーションの10の高め方

モチベーションがよい投稿を生み出す

SNSで成果を上げるには、仕組みづくりだけでなく、モチベーションの高め方を知ることも重要です。

習慣的に取り組めるようになっても、嫌々やっていては、ベストな結果は得られません。

モチベーションを維持することで、学習意欲が高まり、SNSに関する知識も積極的に吸収できるようになります。

さらに、集中して取り組めるようになるため、投稿の質も向上していきます。

ここでは、SNSのモチベーションを高める10の方法を紹介します。これらを実践すれば、SNSに向き合うことがより楽しくなるはずです。

①小さな成長を喜ぶ

まず**小さな成長を喜ぶことを意識**してください。

大きな目標の達成には長い時間がかかり、数年を要することもあります。

その道のりで自分を認める瞬間がなければ、日々の進捗

に達成感を得られず、やる気を失ってしまいます。

大きな目標はすぐに達成できなくとも、小さな目標なら実現可能です。

日々の小さな成功の積み重ねが大きな成功へとつながります。小さな目標の達成を毎回喜ぶよう心がければ、日々のモチベーションと自信を維持し続けることができます。

また、**新しいことに挑戦する**ことも、成長の一つです。

「はじめて投稿できた」「プロフィールを更新した」「今日はいつもより長文を書いた」など、こうした些細なことでも、一つひとつ噛み締めて喜ぶことが大きな力となります。

心の中で噛み締めるだけでは達成感を覚えにくい場合、日報に記録して成長を実感することも大切です。

理想的なのは、上司や身近な人から「素晴らしいですね！　次はこれに挑戦しましょう！」といったフィードバックを得ることです。

タスクを箇条書きにして、達成感を得やすくする方法もあります。まず、その日行うべきタスクを3〜5個ほど書き出します。

- Instagram用の写真を撮影する
- Instagram用の写真にテロップを入れる
- 分析するアカウントを3つ見つける

これらを達成するごとに一つずつ消していくと、**達成した事柄が可視化され、達成感を得やすくなります。**

私は就寝前にタスクを書き出し、朝起きてから確認しています。

これを習慣化することで、達成感を得ることも日常の一部となります。

結果にこだわるのではなく、自己成長を感じられたことに全力で注目しましょう。

②期待値を下げる

SNSに取り組む際は、期待値を低く設定するとよいでしょう。

期待値が高いと、結果が伴わない場合の落胆も大きくなります。

一方、期待値が低ければ、**小さな成果でも喜びを感じること**ができます。

SNSをはじめたばかりの頃は、「いいね」の数が0であることが当然です。

このような心構えがあれば、10個の「いいね」がついただけで、反応があってうれしいと感じられるはずです。

数字を追うことよりも、「誰かに見てもらえただけでラッキー」くらいの心持ちで臨むほうが、落胆することが少なく、ポジティブな姿勢でSNSに取り組めます。

③発信したくない日は発信しない

発信したくない日がある場合は、無理をしないことも大

第4章　コアファンを掴む投稿が継続できる続ける仕組みのつくり方　145

切です。

習慣が身につくまでは継続して取り組む必要があります が、ある程度慣れてきたら**発信しない日があっても構いま せん**。

嫌な気持ちで発信を続けると、義務感が強くなり、SNS を遠ざけてしまう原因になる可能性があります。

どんなに楽しいことでも、義務感が生じるとやりたくな くなるものです。朝にカフェでくつろぐのが好きでも、 「毎朝カフェに行きなさい」と強制されると途端にしんど くなると思います。

そのため、発信したくない日は発信を控え、発信したい 日に自発的に楽しく発信するほうが長続きします。

④SNSを許容する雰囲気をつくる

企業でSNS運用を行う場合は、SNSを許容する環境を つくりましょう。

SNS担当者が仕事中にスマートフォンばかり見ている と、他の社員からすれば遊んでいるように見えてイライラ することもあり得ます。

SNS担当者がSNSを見ることの重要性について、上司 や社内の理解を得ることが、長期的な運用につながるカギ となります。

そうすることで、SNS担当者のモチベーションが上がり やすくなります。

⑤イフゼンルールを活用する

イフゼン（if-then）ルールを活用することも大切です。

これは**「もし〇〇という場面・状況になったら、△△をする」と事前に決めることで、行動しやすくなる考え方**です。

たとえば、「朝起きたら、歯を磨く」「風呂から上がったら、ストレッチをする」「昼ドラを見終わったら、買い物に行く」もイフゼンルールです。

イフゼンルールは「こうなったら、こうする」と決めておくことで、**意志の力に頼らずに行動を実行することができます。**

習慣になっている行動と、習慣化したい行動を組み合わせることで習慣化することができます。

これをSNSに応用するなら「コーヒーを飲んだら、投稿をつくる」「朝起きたら、タスクを確認する」「月曜日になったら、動画を撮影する」といった形を決めておくと、やるかどうかを考える間もなく、作業に取り組むことができます。

⑥ちょっとしたご褒美を用意する

ご褒美を与えられると達成感を覚え、前向きな気持ちを保つことができます。そのため、自分が少しうれしく感じるようなご褒美を用意すると、習慣化するための支えになります。

SNSが他人から任された仕事だったとしても、自分で

ご褒美を設定すれば、それは自発的な作業に変わります。やらされている作業よりも**自ら進んでする作業のほうがモチベーションを保ちやすい**のです。

たとえば、「SNSを1カ月連続で投稿できたら少し贅沢なスイーツを食べる」「動画の初投稿ができたらお寿司屋に行く」などのルールを設定すると、達成時の楽しみが待っているので頑張れます。さらに、ゲーム性も加わり、楽しく作業に取り組めるようになります。

ただし、すぐに達成できる目標を設定してしまうとご褒美の価値が薄れます。逆に、達成までの道のりが遠すぎるとモチベーションを保つ機能を果たしにくくなります。

理想的なのは、時間はそれほどかからなくても、自分にとって少し困難な目標を設定し、それにご褒美をつけることです。

⑦やる気ポイントを見つけて実践する

人にはそれぞれ、**やる気スイッチが入るポイント**があります。

何かに取り組むことが億劫でも、特定の行動によって、やってみようという気持ちがわくことがあります。好きな音楽を聴く、お菓子を食べる、モチベーションが上がる名言に触れるなど、自分のこれまでの経験を振り返り、どんなときにやる気が上がったかを思い出してみましょう。

⑧仲間をつくる

仲間がいるとモチベーションを維持しやすくなります。

SNSの運用がうまくいかないとき、一人で悩みがちですが、仲間に話すだけでスッキリし、前向きな気持ちになれることがあります。

また、進め方に戸惑っているときも、自分では思いつかない解決策を他人から得られることがあります。

自分には解決困難に思えて何日もかけて悩んでいることでも、**他人のほうが俯瞰的に見られる**ため、意外と簡単に問題が解決することもよくあります。それに自分よりSNSの上級者の仲間ができれば、アカウント運用が飛躍するようなアイデアをもらえることだってあります。

もちろん、助けてもらうだけでなく、ときには自分も人を助けることが大切です。そうすることで、より強い仲間意識が芽生え、コミュニティが形成されます。結果として、SNS運用時に感じる孤独感も和らぐでしょう。

仲間とは、SNSを共に運用する人だけでなく、応援してくれるフォロワーも含まれます。いつも返信をくれる人がいれば、日々の励みになります。

SNSを通じた交流は、ファンとの絆を強めるだけでなく、自身のモチベーションを高める役割も果たすのです。

⑨目標を宣言する

SNSで目標を宣言するのも効果的な方法の一つです。公の場で目標を宣言すると、達成へのプレッシャーが生ま

れ、集中力が高まります。さらに、同じ志をもつ仲間が増えたり、応援を得られたりするメリットもあります。強制力が働くため、動機づけが必要な人に有効です。

しかし、注意点もあります。目標を宣言すると、実現したかのような錯覚に陥り、努力を怠ってしまうことがあります。

⑩失敗を大切にする

SNS運用は一筋縄ではいかず、思わぬ失敗に数多く遭遇します。失敗する度に落ち込み、自分には向いていないと感じるかもしれません。

失敗は恥ずかしく、みじめに感じることもありますが、実はSNS運用の成功確率を高める要因になっているのです。

一つひとつの失敗がSNS運用のノウハウ構築につながります。

野球の教本を読むだけでは上達しないのと同様に、SNSも実践しなければうまくなりません。多くの失敗を経験することで、SNSの独自の文化の傾向を理解し、投稿したときにどのくらいの反応を得られるか体感的に予測できるようになります。

SNSマーケティング、特にファンベースでは、運用者の人格が反映されやすいため、人格形成が重要です。

失敗を通じて、うまくいかないこともあるという謙虚な姿勢が養われ、ユーザーの共感を得られる発信にもつなが

ります。

したがって、**SNS 運用では失敗を恐れず、むしろ失敗の数が増えるほど成功に近づくと考えて取り組むこと**が大切です。

実は生活習慣の問題かも

これらの方法を試してもモチベーションが上がらない場合、問題は SNS ではなく日常生活にある可能性があります。不規則な生活は心身の不調を招き、やる気を阻害します。

まずは生活習慣の見直しが必要です。

睡眠を削って SNS に取り組むと、努力している気がして前進しているように感じるかもしれません。

しかし、睡眠不足は作業の精度を下げ、疲労回復を妨げるため、長期的にはマイナスだといえるでしょう。

適切な睡眠時間の確保が重要です。就寝前のスマートフォンでの SNS 利用は睡眠の質を低下させる恐れがあるため、避けてください。

バランスの取れた食事や適度な運動も大切です。

疲労が溜まっていると SNS への取り組む意欲が低下するため、十分な休息を取ることが大切です。

また、毎日の行動が同じパターンで繰り返されると、退屈に感じて、つらさを覚えることもあります。日々に変化

第 4 章　コアファンを掴む投稿が継続できる続ける仕組みのつくり方

がないことは平穏で安心感を覚える一方で、適度な刺激が
ないとストレスを感じるようになります。その結果、SNS
へのモチベーションも維持しづらくなっていきます。

- 久しぶりに会う友人と過ごす時間をつくる
- 新しい料理を試してみる
- いつもと違う帰り道を選ぶ
- 部屋の模様替えをする
- ランニングなどで体を動かす

このように、**日常の行動に小さな変化を加える**ことで、
新鮮な刺激を得られ、日常のマンネリ打破のきっかけとな
ります。

唐突に大きな変化を求めようとすると、かえって心に負
担がかかりストレスになってしまうこともありますので、
まずはすぐに取り組めるところから試してみましょう。

SNS での成果は日々の生活習慣と密接に関連していま
す。健康的な生活リズムを確立することで、最適なアプ
ローチが可能になり、長期的な成功につながります。

生活習慣を見直し、これらの手法を場面に応じて適切に
使い分けることで、高いモチベーションを維持して SNS
に取り組めます。

SNS疲れを予防する

SNSが疲れる理由

　SNSによる疲れはモチベーションの低下を引き起こします。

　SNSは単に閲覧するだけでも疲労が蓄積されやすいものです。SNSでは、誹謗中傷や悲惨なニュースなど、望まない情報や刺激的な内容が際限なく流れ込んできます。

　これらを見ているだけで、脳が疲弊するような感覚に陥ります。さらに、自身のアカウントの反応や評判を気にして頻繁にチェックすると、心を休める余裕がなくなります。

　SNSには興味を引く情報が溢れており、電車での移動時間などのわずかな隙間時間や、友人との会話の合間でさえSNSから目を離せない人も少なくありません。SNSはここまで見れば終わりというタイミングがないため、仕事や家事など本来やらないといけないことを先延ばしにしてでも、SNSを見続けてしまうこともあります。

　こうしたSNSを見ることで溜まった疲れはメンタルヘルスにも悪影響を及ぼすともいわれています。長期的に投稿を続けるためにも、SNS疲れが蓄積しない方法を理解しておくことが大切です。

・SNSを見る時間を決める

　SNSに触れる時間が長ければ長いほど疲労が蓄積するため、閲覧時間を決めておくことが望ましいです。

　SNS疲れを経験する人の多くは、無意識のうちに長時間利用している傾向があります。極端な場合、1日10時間もSNSを見続ける人もいます。

　SNSの閲覧はトレンドを追ううえで重要ですが、**分析する時間と単に見る時間を区別し、漫然と見る時間を極力減らすことが大切**です。

　分析はタスクの一部として業務的に行い、純粋に閲覧する時間は電車での移動中のみなど、具体的な時間枠を設定するとよいでしょう。

　こうすることで、他の作業により集中して取り組める効果も期待できます。

　SNSを人の発信を見る場所だと捉える人も多いですが、自身が発信する場として考えると、他者の投稿を見る時間も自然と減っていきます。

　リサーチに集中して取り組めば、短時間でも成果を上げられますし、不必要に刺激的な情報に触れることも避けられます。

・用途を明確にする

　SNS運用が主な目的であっても、他のタイムラインを見るのが楽しくなって情報を追いかけたり、反応で承認欲

求を満たそうとしたりして、本来の目的から外れた使い方をしてしまうことがあります。

　SNSにはさまざまな用途が考えられるため、自分が何のために使っているのか整理します。

　「アカウント運用の情報収集のため」と決めても、途中からSNSを単に面白がって見ているだけなのに「リサーチだから無制限に見てもいいか」と考えてしまうと、不必要な情報が増える一方で疲れが蓄積していきます。「TikTokのインフルエンサーが活用しているトレンドの手法を3つ発見する」というように**目的を具体的にすれば、どこまで何をすればよいか明確ですし、SNS運用に反映できる学びを効率的に得られます。**

　SNSに触れる用途を明確にして、できる限り効率的な運用を心がけるとよいです。

・使用時間を可視化する

　各SNSの使用時間を把握することは重要です。

　SNSは無意識に操作することが多いため、実際の使用時間を確認して驚く人も少なくありません。

　想像以上に利用していることに気づくだけでも、「こんなに時間を費やしていたのか」と自覚し、SNSの閲覧時間を減らし、時間をより有効に活用しようという意識を変えることにつながります。

　定期的に使用時間を確認することで、SNSの利用時間を

コントロールします。iPhone のスクリーンタイムや Android の Digital Wellbeing(デジタルウェルビーイング) という標準搭載機能を使用すると、**SNS を含む各アプリの利用時間**を確認できます。

　一日の利用時間を決めて、オーバーしていたら改善するように努めてみてください。

　これらの機能では、各アプリの使用時間に制限をかけることもできます。

　たとえば、30分と設定すると、その時間が経過した後は自動的に閲覧できなくなります。利用習慣を改善するのに便利な機能なのでぜひ活用してみてください。

　仮に設定を解除しても、30分使用したという自覚が生まれるため効果的です。SNS に費やす時間を実感することで、使用を控えようという意識が自然と芽生えます。

・スマホに触れる機会を減らす

　暇さえあれば SNS を眺めてしまう習慣がある場合、時間を決めていても無意識にスマホに手を伸ばしてしまうことがあります。

　また、ながらスマホで SNS を閲覧する人も多く、テレビを見ながらつい見てしまう傾向があります。

　そこで、**自発的にスマホに触れられない環境をつくることが効果的な対策**となります。具体的には、スマホの使用

を制限するルールを設けるとよいです。

スマホをトイレやお風呂にもち込まないと決めれば、一定時間強制的に触れられない時間をつくることができます。寝室へのもち込みを禁止すれば、就寝前や起床直後のSNSチェック習慣を改善するのにも効果的です。

テーブルの上に置いておくと無意識にSNSをチェックしてしまうため、カバンの中に入れるなどして、スマホが目に入らない状況をつくってみてください。スマホの代わりに手帳を使うなど、物理的なものに置き換える方法もよいと思います。

長期的に完全に手放すのは難しいかもしれませんが、少しずつでも使用を控える時間を設けることからはじめるとよいでしょう。

・通知をオフにする

SNSの投稿に反応があった際、スマホに通知音やプッシュ通知で知らせる機能が搭載されています。

通知機能をオンにしていると昼夜問わず通知が届くため、SNSの投稿に対する反応が気になります。

そのため、**SNSの通知機能はできるだけオフにしておく**ことを心がけましょう。

通知をオフにすることで不安が軽減され、SNSの通知を確認する時間も節約できるため、時間を有効活用できます。「いいね」や投稿の反応を気にして一喜一憂する時間も節約できます。

第4章　コアファンを掴む投稿が継続できる続ける仕組みのつくり方

また、通知を完全に遮断することに抵抗がある場合は、「おやすみモード」の利用もおすすめです。このモードでは着信や通知を制限できるため、就寝する前にONにすることで、寝る前のスマホ閲覧を防ぐ方法として効果的です。

　通知の設定は各アプリによって異なりますが、Xの場合は細かくカスタマイズできます。「いいね」「新しいフォロワー」「返信」など、項目ごとに通知のオン/オフを設定できるため、必要な通知だけを受け取ることが可能です。
　特に、ダイレクトメッセージはすぐに確認したいが、他の通知は不要という人にとって、この機能は便利です。各アプリの通知設定を確認して、自分に必要な通知だけオンにするのがおすすめです。

・音声から情報収集する

　SNSによる疲労は、脳よりも目に大きな負担がかかる印象があります。
　小さな画面上の大量の情報を処理することで目の疲れが蓄積し、スマートフォンの画面を見ること自体がつらくなってきます。
　それでもSNSから情報を得たい場合は、音声情報の活用をおすすめします。
　たとえば、YouTubeを音声のみで聴くと、視覚的な疲労感はかなり軽減されます。SNSを情報収集に利用する際は、**音声メディアの活用**も検討してみましょう。

これらの方法を実践することで、SNS疲れを軽減し、より健康的にSNS運用をできるようになります。

　SNSから離れる時間を少しつくるだけでも、疲労やストレスから解消されますし、日々の生活にゆとりが生まれ、周りの景色に目を向けたり、家族と話したり、自分自身と対話する時間を増やすことができるはずです。

　結果的に視野が広がり、創造性を磨くことにもつながり、磨かれた感性をSNS運用にも反映することにつながります。

　自分自身のSNS利用習慣を客観的に見つめ直し、必要に応じて適切な調整を加えていきましょう。

「めんどくさい」に隠れた金脈を掘り起こそう

効率性が向上する「めんどくさい」

SNSを運用するにあたって、めんどくさいという感情が生まれることは、よくないことだと思っていませんか。

できるだけラクをしたいという思いは、一見怠け者のようでネガティブな印象をもつかもしれません。

しかし、この**めんどくさいという感情は、SNS運用の効率を高めるカギ**になるのです。

めんどくさいという感情を突き詰めると、少ない労力で大きい成果を出すためにはどうすればいいんだろうと考えられるようになります。

めんどくさいは**効率のよい方法を見つける原動力になります**。「どうすれば面倒でなくなるか？」と考えれば、問題解決の糸口になります。

SNSには膨大な情報が溢れており、分析するにしてもすべての情報を集めるのは限度があります。

そのため、効率的に取り組む必要があり、めんどくさいと思う感情は、必要な情報を最低限集めるためのアイデア

を生み出すことにつながります。

　ゼロからコンテンツをつくるのはどうしても時間がかかります。そこで、既存のアイデアを活かすことを考えます。これは言い換えれば「どうすればラクにコンテンツをつくれるか」ということに他なりません。

　また、めんどくさいという感情があるからこそ、早く作業を終わらせたいと感じるのです。ダラダラと取り組むことがなくなり、短期的に集中力を発揮し早く仕事を終わらせることができます。

めんどくさがりというネガティブな感情を使い、ポジティブな形へと転換させていくことが大切なのです。

めんどくさいからチャンスがある

　あなたが**めんどくさいと感じているなら、他の人も同じように感じている**のです。

　SNSは多くの人が面倒に感じる作業だからこそ、チャンスにつながりやすいのです。

　SNSで成果を上げるためには、競合の中から価値を感じてもらえるようになる必要があります。みんなが楽しんでいたら、競合が無数に現れ、その中で目立つのは難しくなります。

　しかし、多くの人が面倒だと諦めてしまう作業だからこそ、他の人とは異なる価値を生み出せる可能性が高まるの

第4章　コアファンを掴む投稿が継続できる続ける仕組みのつくり方

です。

　たとえすぐに成果が出なくても、新しいスキルや経験を得られます。このめんどくさいという感覚を乗り越えることは、特別な存在になれるチャンスにつながり、大きな成果に結びつく可能性があります。

　人は楽しいことに対してめんどくさいとは感じません。習慣化やモチベーション維持の手法を用いて、めんどくさい感情を乗り越え、作業を楽しいものにできれば、ライバルとの差を大きく広げ、未知の世界に到達できます。

　SNSに日々取り組み成長させることで、多くの人ができないことが可能になり、評価や応援を得られるようになります。

　SNSがさらに楽しくなるような好循環が生まれます。めんどくさく感じていたものが、積極的に続けたいものへと変化するかもしれません。

　この章で学んだことを参考に、SNSに挑戦してみてください。

アンチが出てきたのは「売れた証拠だ！」で乗り切ろう

SNSを続けると生まれる「アンチ」

SNSを続けていると、必ずアンチコメントがつきます。アンチコメントとは、SNSの投稿に対する批判的なコメントのことで、それを投稿する人をアンチと呼びます。

アンチコメントが建設的な批判であれば、むしろ歓迎すべきです。

たとえば、「宣伝ばかりの投稿で、見る気が失せる」などの否定的な意見を素直に受け入れ、サービス改善のヒントを得ることができるかもしれません。宣伝のような投稿が実際に多くないか見つめ直すきっかけにするのです。

しかし、SNS上のアンチコメントには感情的で的外れな批判も溢れています。「キモい」「バカ」「ゴミ」といった単純なものや、「あなたは間違っています」といった人格否定などさまざまです。

見るだけで嫌になるような攻撃的なアンチの言葉に、気持ちが折れてしまうこともあると思います。

ただし、アンチが登場すること自体は必ずしも悪いことばかりではありません。

第4章　コアファンを掴む投稿が継続できる続ける仕組みのつくり方

アンチはチャンス

　アンチが増えてきたということは、**SNS運用がうまくいっており、認知が広がってきた証拠**ともいえます。

　ファンや同じ業界などの近い存在とだけつながっている最初の段階では、アンチが生まれることはめったにありません。

　つまり、一定数存在するアンチに発信が届いたということは、不特定多数の人にも発信が届くアカウントに成長したということです。アンチコメントは一種の成果だと捉えて、乗り越えていきましょう。

　また、**アンチの出現はアカウントを飛躍させるチャンス**です。アンチの投稿がきっかけで、コメント欄で活発な議論が起こることがあります。

　この盛り上がりは、AIに「多くの人が関心をもつ優れたアカウント」と認識され、おすすめ欄などに表示されやすくなります。

　結果、アカウントの知名度向上につながります。

　見方を変えれば、**アンチは時間と労力を惜しまずコメントする熱心な存在**ともいえます。

　すでに興味をもっているため、ちょっとしたきっかけで熱烈なファンに変わる可能性があります。

　そのため、アンチだからといって邪険に扱わず、「ご意

見ありがとうございます」などと丁寧に返信することを心がけましょう。

SNSで最も避けたいのは、何の反応もないことなのです。たとえアンチであっても、アカウントに対する感情がゼロではなく関心をもってくれているなら、それはプラスに転じる可能性があります。

覚えておきたいアンチ対策

ただし、悪質なアンチは例外です。いくら施策がよいものでも、心が壊れてしまっては続けられません。自分の気持ちを著しく落ち込ませるような内容には、しっかり対策して前向きな姿勢を保つように対策をしましょう。

また、コメントの内容によっては風評被害や炎上などのトラブルにつながる可能性があります。放置しておくと企業のイメージや売上の低下を招く恐れがあるので、毅然とした対策が必要です。

・無視する

アンチを刺激するような挑発的なコメントや反論は、相手の感情を高ぶらせてしまうため避けましょう。

しかし、好意的な反応をしたつもりでも、相手に反論と受け取られ、他のアンチを引き寄せて炎上につながる可能性があります。

そのため、**攻撃的な表現を含むアンチコメントには反応**

第4章　コアファンを掴む投稿が継続できる続ける仕組みのつくり方　165

しないことが最善策です。無視すれば相手も反論できませんし、反応がないと気づいてコメントをやめる場合も多いです。

　釈明や反論をしたい気持ちは理解できますが、無視することが最も効果的な対応といえます。

　コメントが気になって不安になる場合は、ミュート機能を活用します。

　ミュートしたアカウントの投稿はタイムラインに表示されず、相手にミュートしたことも通知されません。これにより、相手を刺激することなくコメントを見なくて済むようになります。

・コメントを承認制にする

　YouTubeでは、コメントを承認制に設定することができます。承認したコメントのみがユーザーに表示されるため、アンチコメントを他のユーザーに見られることが心配な人におすすめの対策です。

　ただし、注意点が二つあります。まず、これまでに投稿されたアンチコメントは承認制にしても表示されます。次に、コメントが多い場合、チェックに時間がかかる可能性があります。これらを踏まえて機能を活用しましょう。

・コメントを削除する

　事実と異なるコメントをされた場合、企業や個人のイメージを損なう恐れがあります。他のユーザーも不快感を

覚え、そのコメントを信じてファンをやめてしまう可能性もあります。

そのため、**度を超えたアンチコメントは削除する**のが賢明です。

また、アカウントへの「いいね」、閲覧、フォローを制限する「ブロック機能」の使用も検討してみてください。

自分の投稿へのコメントでなくても、アンチアカウントの投稿内容が自社に向けられた過度の誹謗中傷や虚偽の内容である場合、各SNSの報告フォームから削除を依頼することができます。

・法的措置

度を越した誹謗中傷や、虚偽の投稿には、法的措置を含めて毅然と対応したほうがよいです。証拠保全が重要になるため、投稿内容、投稿時間、URLがわかる画面キャプチャを保持しておきます。

なお、SNSの誹謗中傷に関しては、相談窓口の利用も検討してみてください。

・総務省「違法・有害情報相談センター」

インターネット上の誹謗中傷、著作権侵害、名誉毀損などの問題に関する相談窓口です。

・法務省「人権相談」

人権問題の専門機関が相談を受けつけています。削除依

頼の方法がわからない人へのアドバイスだけでなく、プロバイダ（運営者）への削除要請も代行してくれます。

・一般社団法人セーファーインターネット協会「誹謗中傷ホットライン」

　誹謗中傷の被害者が相談できる、民間機関が運営する相談窓口です。

・厚生労働省「まもろうよ　こころ」

　電話や LINE などの SNS やチャットで心に関する悩みを中心に相談できる窓口です。

・「法テラス（日本司法支援センター）」

　国が運営する専門家の法律問題に関する総合案内所です。主に誹謗中傷の投稿者に損害賠償を求めたい場合の相談に利用できます。

　これらの対策や専門機関を適切に組み合わせることで、悪質なアンチコメントから身を守ることができます。

　ただし、ネガティブなコメントだからといって、排除していたら成長の機会を失います。建設的な批判や意見は受け入れつつ改善していくことが大切です。

第5章

誰も教えてくれない SNSで飛躍するための 正しい活用方法

絶対マネしてはいけない SNS 運用術

SNS には一発アウトがある

SNS ではたった一つの投稿で、企業や個人の信用を失ったり、トラブルに巻き込まれたりするリスクがあります。

一度ブランドイメージを損なうと、取り返しのつかない傷を負う場合があります。

現代では、些細な誤りでも SNS を通じて瞬時に拡散されます。**投稿した情報は、アカウントから削除してもスクリーンショットで保存されるため、完全に消去することは難しい**です。

発信してはいけない内容を事前に理解し、日頃から慎重に投稿することが大切です。

SNS 運用をする際は、次のポイントに気をつけてください。

・法律違反

著作者の許可なく写真やイラストを複製して公開することは**著作権侵害**にあたります。

また、有名人などの写真や動画を無断で投稿すると、肖像権侵害となる場合があります。

SNSでは著作権や肖像権の侵害が日常茶飯事となっています。その境界線が曖昧なため、知らず知らずのうちに自分も法律違反をしてしまう可能性があるでしょう。

SNSでよく見かける行為でも、許可を得ていなければ著作権違反となります。

たとえば、アニメやマンガのキャラクターをSNSのアイコンに使用する、アーティストの曲を流す、テレビ番組の映像を投稿するなどが該当します。

「みんなやっているから大丈夫だろう」と安易に考えがちですが、特に公式アカウントを運用する場合は避けるべきです。後々問題化する可能性もあります。

少しでも疑問や不安がある場合は、そのような行為を控えるのが賢明です。

広告表現も法律によって厳しく規制されています。

景品表示法は、消費者を広告表現による誤解から守るために制定されており、**虚偽や誇張表現が規制の対象**となります。

違反の例としては、オーストラリア産の肉を「A5ランクの和牛」と表示することや果汁含有量が数％しかないのに「果汁100％」と謳うこと、実際には割引されていない商品を「特別価格」と表記することなどが挙げられます。

化粧品や健康食品、医薬品に関しては、薬機法（旧薬事法）で使用可能な表現が詳細に規定されています。

特に健康食品の効果や効能を誇張することは禁止されて

おり、「飲めば痩せる」「肌が若返る」「背が高くなる」といった表現も規制対象です。

　各業界において、**避けるべき表現や禁止ワードを把握しておくことが重要**です。

　また当然、誹謗中傷もすべきではありません。

　誹謗中傷とは、悪口や根拠のない虚偽の情報を投稿し、相手の人格や名誉を傷つけることです。

　SNS上で多数から誹謗中傷と判断されると、アカウントが炎上の的となります。最近では、SNS投稿による芸能人の発言が原因で、活動休止や事務所退所といったニュースを目にする機会が増えています。

　そのため、**誰かが傷つく投稿になっていないかを考慮して投稿することが大切**です。

　法律違反ではありませんが、**政治や宗教の話題も触れないほうが無難**です。

　人それぞれに多様な意見や考え方があります。商品やサービスの理念は共通していても、それとは直接関係のない部分で自分の信条と異なる人だと判断されるのは望ましくありません。

　政治や宗教に関連した投稿が拡散されても、商品と関係のない議論が発生する可能性があるため、認知度が上がっても成果に結びつきにくいのです。

・個人情報

SNS では、**何気ない投稿で個人情報が流出する**ことがあります。

住所などが特定されると、ストーカー被害やなりすまし犯罪、プライバシー侵害につながる場合があります。

写真の GPS 情報から撮影場所が特定される可能性があるため、GPS 情報の設定はオフにしておくことをおすすめします。

他人が写っている写真を掲載する場合は、プライバシー保護のためスタンプなどで顔を隠すなどの配慮が必要です。もちろん、名前を勝手に記載するのも避けるべきです。

・セキュリティ

SNS の利用の際に使用する **ID やパスワードといった認証情報が漏洩すると、アカウントが乗っ取られる被害に遭う可能性**があります。

アカウントの乗っ取りとは、悪意のある第三者が不正にアカウントにアクセスすることです。

これにより、アカウントにログインできなくなるだけでなく、個人情報の漏洩やアカウントの不正利用につながり、ユーザーからの信頼を失います。

セキュリティ対策として **2 段階認証は必須**です。2 段階認証は、ログイン時に ID とパスワード入力に加えて、追加の認証方法を設定することでセキュリティを強化する仕組みです。

指紋認証、顔認証、SMS など、本人が物理的に所持しているスマホ端末などを活用することで、より強固なセキュリティを実現します。

　同じメールアドレスを複数のサービスで使い回すのも危険です。一つの ID 情報が流出すると、それに紐づいた他の ID も流出してしまう可能性があります。

　リスクを軽減するためにも、異なるサービスには異なる認証情報を使用するのが賢明です。

　また、複数の端末で同時にログインするのも避けてください。

　SNS では 1 人につき 1 つのアカウントを使用することが原則です。そのため、3 人が同時に 1 つのアカウントにログインすると、不正利用と疑われてアカウントが凍結されるリスクがあります。

　パソコンで利用する際も、多数のタブを開いてしまうと複数人がログインしているとみなされる場合があるので注意が必要です。

　これらのトラブルを避けるために、**ガイドラインを作成しておくとよい**です。直接の成果にはつながりませんが、企業の利益や信用を守るためには必要なことなのです。

　また、SNS には違反ではなくても、避けたほうがよい投稿があります。

SNSで嫌われやすい4つの投稿

　SNSには暗黙のマナーのようなものが存在します。適切にSNS運用をしているつもりでも知らないうちに違反しており、嫌われてしまいユーザー離れの原因になる可能性もあります。

　企業や個人のブランドイメージを守るために、事前に把握しておかなければいけないことがあります。

　ここではSNSで嫌われてしまう投稿の傾向を紹介します。

①ネガティブ

　ファンベースでは、ありのままの自分を包み隠さず発信することが大切です。

　ただし、仕事の愚痴や世間への不満といったネガティブな内容ばかり投稿しているアカウントは、人々が避けたくなるものです。

　そのような投稿に共感する人もいますが、それはネガティブな考えをもつ人たちを集めることになり、一般的なユーザーを遠ざけてしまいます。

　マイナスな言葉が続くと、多くの人が不快に感じ、ファン層が限られてしまいます。さらに、批判的な投稿が多いと、何かしたら自分も批判されるかもしれないという不安を生み、SNS上でのコミュニケーション機会を失うリスク

も高まります。

多くの人はSNSを見て楽しい気持ちになりたいと考えています。構ってほしいという思いから「疲れた」「つらい」「落ち込む」といった投稿をするのは避けるべきです。むしろ、**前向きで元気が出るような投稿をするアカウントのほうが好まれます。**

②自慢・マウント

SNSでは自慢やマウンティングが嫌われる投稿の典型例です。

高級店での食事やブランド品を見せびらかすような投稿は、不快に感じる人もいます。

Instagramでは憧れを表現することは許容されていますが、過剰なアピールはかえって印象を下げる可能性があるので注意したほうがよいです。

寝ていない、全然休めていない、暇がないなどの忙しさをアピールする行為も自慢と捉えられるため、避けたほうがよいでしょう。

また、よかれと思った投稿が悪印象を与えるケースもあります。

経歴や実績は信用につながるため、適切にアピールすることは大切ですが、単なる自慢と受け取られかねない表現は逆効果を招きます。

「上場企業で働く私から言わせていただければ……」と

いった不必要な経験のアピールは、マウンティングと捉えられてしまう場合もあります。

発信時に「すごいと思われたい」「尊敬されたい」といった自己中心的な考えは、投稿に反映されがちです。**ユーザー目線で、その情報が本当に有益かどうかを考慮しましょう。**

他には、中高年層では上から目線で指導するような投稿をしてしまうことがあります。経験豊富なため善意で指導したくなる気持ちは理解できますが、伝え方によっては説教と捉えられ、敬遠される原因となることがあります。

たとえ有益なアドバイスであっても、SNSのコミュニティ内のマナーに違反したり、ポジティブな雰囲気を損なったりするような投稿は避けるべきです。

中には、現実世界の組織での肩書をSNSにもち込み、自分の意見を押しつけるようなアカウントも存在します。SNSの世界において立場の上下はありません。フラットな関係性を理解し、それに基づいてコミュニケーションを取ることが重要です。

自分の言いたいことよりも、相手の立場に立つ姿勢をもつことが大切です。そして、ポジティブなコミュニケーションを心がけましょう。

③似たような写真を連投

Instagram で似たような写真を連投すると、フィードが単調になり、フォロワーに不快感を与える可能性があります。

多様で魅力的な写真を期待しているのに、同じような風景や料理ばかりが並ぶと、退屈してフォローを外されるリスクがあります。

アカウントの世界観を統一することは重要ですが、同時に単調にならないよう工夫することも大切です。

構図を変えたり、情報の切り口を変えたりすることで、変化をつけられます。アカウントのコンセプトによっては類似した投稿も許容されますが、フォロワーを飽きさせないよう**創意工夫する姿勢**が必要です。

④加工しすぎの写真

2017 年の流行語大賞に選ばれた「インスタ映え」。これは Instagram に投稿された見栄えのよい投稿を指し、かわいさやおしゃれさを画像加工で強調した投稿が好まれます。

しかし、**近年のトレンドは生活をありのまま表現するようなナチュラル志向に変化**してきており、明らかに加工された写真は避けられる傾向にあります。加工アプリを使わず、そのまま投稿する人も増えています。

最近は、映えない SNS と呼ばれる BeReal というアプリが若年層の間で流行しています。ランダムに届く通知から 2 分以内に投稿することで、リアルな日常を友人と共有で

きる点が人気です。

　これは、インスタ映えの流行により、現実とかけ離れた理想的な日常を見ることにも、演出することにも疲れた結果だといえます。

　写真で世界観を表現する際も、過剰な加工と思われるようなものは控えめにするとよいです。

　ここまでのポイントを踏まえると、SNS 運用には細心の注意が必要です。法律違反、個人情報の取り扱い、セキュリティ対策、そして暗黙のマナーなど、多くの側面に気を配る必要があります。

　もちろん、自社製品の宣伝に熱心なあまり、しつこく拡散を求めたり、見知らぬユーザーにしつこく DM を送ったりする行為も嫌われます。

　自己中心的なコミュニケーションは、SNS では避けるべきです。

　常にユーザーの視点に立ち、ポジティブで価値のある情報を発信することが、成功する SNS 運用のカギとなります。

SNSでは中の人の人間らしさを出していく

複数人の運用は、統一感がなくなる

SNSマーケティングでは、**人間らしさを出すことが、ファンとの感情的なつながりを構築**します。

人間らしさが欠如した無味乾燥な発信は、ユーザーに好まれません。

個人の場合、自分の価値観を発信すれば、自然と人間らしさが表れます。

しかし、「中の人」と呼ばれる企業アカウントの投稿担当者が複数いる場合、**各自が人間らしい発信を心がけた結果、一貫性を欠く可能性**があります。

複数人での運用は、個性の違いが表れ、発信の統一感が失われがちです。

また、一人の担当者の強い個性に依存してアカウントを運用した場合、たとえ成果が上がったとしてもその人の退職時に問題が生じます。

同様の個性を他の人が再現するのは難しく、結果として、これまでのファンも人格の変化を感じ、離れていく可能性があります。

人格ラインを決める

　統一感のある発信を継続するために、SNS運用では人格ラインを設定しましょう。

　誰でも運用できるマニュアルを作成することで、引き継ぎ時も円滑に運用を継続できる体制が整います。

　人格ラインのマニュアルには、「理念と価値」「アピールポイント（商品の強みや実績など）」「目指す方向性」「ターゲット」「NGワードとNG行為」「イメージカラーやフォント」「投稿の言葉遣いや口調」を含めて記載します。

　これらを明確に定義し、それに沿って発信することで、一貫性のある投稿が可能になります。

　企業アカウントと個人アカウントの最大の違いは、個人は人そのものにファンがつくのに対し、企業は会社自体にファンをつけることが重要だということです。

　人格づくりのポイントは、**個人の詳細を出しすぎないこと**です。

　特定の個人にファンがつくと、その人がいなくなった際にアカウントの機能が失われてしまいます。

　そのため、企業アカウントでは**特定の個人にファンをつけすぎないよう注意すること**が非常に重要です。

SNS担当の任命方法

担当を複数で割り振る場合は、投稿担当、ストーリー担当、ライブ発信担当と業務を細分化して役割を決めるとうまくいきやすいです。

役割が曖昧だと、発信の内容がブレるかもしれないですし、他人任せになり継続することも難しくなります。

SNSの担当が複数人いる場合は統一感をチェックする責任者を設けることで、一貫性のある発信ができるようになります。制作を管理するディレクターは必ず必要です。

SNSは若い人のほうが得意というイメージから、SNSの担当を新卒社員に任せがちです。

しかし、**会社が大切にしている価値を十分に理解していないと、ズレた発信をしてしまう恐れ**があります。

そのため、SNS担当者には**会社への深い理解が不可欠**です。

マーケティングの知識は経験で身につくので、意外にも社歴の長い社員のほうが早く成果を出せるのです。

また、**SNS担当には素直な性格の人が向いています**。創造的でアーティスト気質の人が適していると思われがちですが、個人の個性を前面に出しすぎると、その人にファンがつきます。

そして、こだわりが強すぎると、ユーザー目線の投稿よりも自分が発信したい投稿を優先してしまう可能性もあります。

　SNS運用は会社のトップが担当するのが最適といえます。会社の価値を最もよく理解しており、立場的にも自身の個性を出すような発信をしても問題はありません。

　近年、経営者による情報発信が増えているのもこのためです。

　タクシー内での経営者との会話を動画撮影したり、会議の様子を共有したりするだけでも効果的です。

　人気ジャンルになっている一日のルーティーンを紹介する動画も撮影できます。

　いずれにしても、中の人を担当する場合は、自社のことに詳しくないといけません。

　SNS担当に任命されたら、SNSのことだけでなく自社への理解も深めてみてください。

SNSの組み合わせで
ファンを増やす方法

複数運用でファンは増える

ユーザーは、取得したい情報、ジャンル、用途に応じて複数のSNSを使い分けています。

目的に合ったSNSを選択し運用することで成果が得られますが、複数のSNSを同時に運用することで、さらに大きな成果を上げることができます。

複数のSNSを運用する最大のメリットは、**自分の魅力をさまざまな角度からファンに伝えられる**ことです。

たとえば、Xでの投稿に興味をもった人がYouTubeを見て、より具体的な人間性を知ることでファンになる場合も多々あります。

また、運用するSNSが多いほど、ユーザーの目に触れる機会も増えます。異なるSNSであっても、1回見た人より3回見た人のほうが、単純接触効果により警戒心が薄れ、親近感を覚えてもらいやすくなります。

労力を最小限にするために

　複数の SNS を運用する際の唯一のデメリットは労力がかかることです。そうであっても、複数運用にはメリットしかありません。

　複数運用の効率を上げるには、**まず1つの SNS で成果を出してから他に取り組むこと**です。

　多くの人は、どれか1つでも成功すればいいと考え、同時にさまざまな SNS に手を出しがちです。

　未熟な段階で複数運用すると、エネルギーが分散され、コツを理解できないまますべてが中途半端になり、成果が上がりにくくなります。

　しかし、1つの SNS で成果を出すと、SNS マーケティングのコツを理解でき、他の SNS もそれほど労力をかけずに運用できるようになります。

　さらに、1つの SNS で良質なコンテンツが蓄積されると、他の SNS にそれを流用できるため、効率的な運用が可能になります。

　YouTube の動画を編集して TikTok に投稿したり、Instagram の写真を X で活用したりすることで、労力を抑えつつ複数の SNS を運用しやすくなります。

第5章　誰も教えてくれない SNS で飛躍するための正しい活用方法

複数のSNSの選び方

SNSの使い分け方は、まず**認知拡大が得意なSNSと理念を伝えるのが得意なSNS**を、それぞれ1つずつ選びましょう。

TikTok、Xは認知拡大に適しており、Instagram、Facebookは理念を伝えるのに適しています。基本的には、この2種類を組み合わせるのが効果的です。

迷った場合はYouTubeがおすすめです。YouTubeは認知拡大とファン獲得の両方に長けています。

さらに、長時間の動画視聴させることが可能なため、熱心なファンをつくるのにも適しています。

そのため、1つのSNSで成果を上げたら、次はYouTubeに挑戦してみましょう。

Threads（スレッズ）やBluesky（ブルースカイ）など、新しいSNSも登場していますが、はじめないと時代に取り残されるかもと不安になる必要はありません。最初からこれらに手を出す必要はないのです。

新しいSNSはサービス終了や衰退の可能性が高いものです。2020年にリリースされた招待制SNSのClubhouse（クラブハウス）も一時話題となり、多くの有名人が利用しましたが、現在日本ではほとんど話題に上がらなくなりました。

一時的にどれほど話題になっても、存続が不確実な SNS に労力を費やすのは大きなリスクを伴います。せっかく熱心に投稿しても報われないとなれば、物理的にも精神的にも負担が大きいです。

まずは LINE を除いた5大 SNS から選んで、**複数の SNS 運用にチャレンジ**してみることをおすすめします。

複数運用の活用事例

SNS の複数運用を活かした好例が ANA です。X ではリアルタイム性を活かし、企業の最新情報を発信しています。

マイルのプレゼントなどの SNS では敬遠されがちなキャンペーン情報も、X で発信することでスムーズに受け入れられています。

TikTok では従業員が楽しそうに踊る動画を投稿し、認知拡大につなげています。TikTok ではダンス動画が受け入れられやすく、航空会社の堅いイメージを払拭し、親しみやすさを演出しています。

Facebook は企業の取り組みの紹介に適しているため、従業員の働く様子や仕事内容を詳細に伝えています。Instagram ではホテルや観光案内を通じて憧れを喚起し、旅行意欲を刺激することで航空会社の利用促進につなげています。

同じ情報でも SNS によって発信の仕方を変えることで

第5章 誰も教えてくれない SNS で飛躍するための正しい活用方法 187

よりファンを獲得できるようになります。

　告知の際も、X ではお得感を強調し、Instagram では憧れを喚起するスタイリッシュな雰囲気を演出する必要があります。

　また、複数運用の方法として、同じ SNS でもアカウントを分けるという手法があります。

　森永製菓は、自社の商品やイベント情報を発信する公式アカウント（@morinaga_angel）に加え、「森永チョコレート（@MorinagaChoco）」「キョロちゃん（@morinaga_CB）」「森永製菓アイス公式（ティック）（@MorinagaIce）」といったブランドごとのアカウントを運営しています。

　各ブランドには個別のファンがおり、多数のブランドをもつ森永製菓では、公式アカウントだけではファンの求める情報が埋もれてしまう可能性があります。

　このようにアカウントを分けることで、**ファンが必要とする情報を確実に届けられる仕組み**になっています。

　「1アカウント1メッセージ」という原則で発信することで統一感を保つ、複数運用の好例といえます。

　各業界によって使い分ける方法が異なるので、複数運用の成功モデルも分析してみて実践に役立ててみましょう。

ファンが喜ぶ、
YouTube・インスタライブの台本の
つくり方

ライブ配信のメリット

ライブ配信はスマートフォンやパソコンのカメラでリアルタイムの映像を配信することができます。

新商品の発表や勉強会、イベントの様子の中継などに活用できます。

ライブの配信画面では視聴しているユーザーのリアルタイムのコメントを見ることができます。

この**コメント欄を通して行うリアルタイムの交流**が大きなメリットです。実際にユーザーと会話をしているような交流ができるので、距離が縮まりやすくなります。

他の SNS だけでは見せることのできないありのままの素顔に触れられるのは、ファンにとってもうれしいことです。

また、ライブ配信では視聴者と触れ合う時間が長く取れるので、それだけ愛着をもってもらいやすくなります。

動画の視聴だと 1 時間見てもらうのも難しいですが、ライブは会話しながら進むので、見ている側からしても 1 時間は楽しく交流して終わるような印象で済みます。

第 5 章　誰も教えてくれない SNS で飛躍するための正しい活用方法

コンテンツに長時間触れてもらいやすいため、コアなファンを育成するのに向いています。

ライブ配信の基本的な流れ

ライブ配信をいざはじめても、何を話せばいいかわからないと、盛り上がらず気まずい雰囲気になってしまいます。**慣れるまでは台本を用意しておくのがおすすめ**です。私も最初は一言一句台本をつくっていました。そのほうが迷わず話せて安心です。

基本的なライブの構成は**「自己紹介→話したいテーマ（有益な情報・商品PRなど）→コメント返し」の3部構成**です。

自己紹介はファンだけでなく不特定多数の人に見られる可能性があるので、自分が何者かがわかるように簡潔に紹介しましょう。

プロフィール作成と同じ要領で、どんな人物かが伝わるよう端的に説明するのが望ましいです。

テーマの選び方はファン向けではなく、新規視聴者向けのものにします。

ファンを獲得するために価値観や理念を先に発信しようと考えがちですが、新規視聴者にとっては興味をもちにくいです。

たとえば、「現役美容師が教える成功哲学」というテーマは知らない人には興味がわきにくいですが、「現役美容

師が教える正しいシャンプーの仕方」なら興味をもちやすいでしょう。

　ただし、ノウハウを伝えるだけでなく、想いも伝えないと熱心なファンを獲得しにくいです。

　そのため、テーマは実用的なものにしつつ、話の合間や説明の後に自然と自分の想いを織り交ぜていくのがよいです。

　「シャンプーの仕方はこうするとよいですが、このような考え方に至った理由は〜」といった形なら自然で、興味をもって聞いてもらいやすいです。

　ノウハウと理念を発信する割合は 1:1 くらいが最適です。

　そして、**最後のコメント返しは最も重要な時間**です。ユーザーとリアルタイムでコメントを通じて会話できるのはライブ配信ならではで、強い絆を結ぶうえで高い効果を発揮します。

　Instagram のライブでは、「A さんが参加しました」といった表示が出るので、「A さん、ご参加ありがとうございます」と名前を呼ぶことで、つながりを感じられます。

　積極的な交流を促すために、視聴者にコメントを書いてもらうよう誘導していきます。

　コメントを書いてもらうことで、ライブに参加している実感が強まり、体験としての価値も高まります。

　「コメントを書いたら誰かに嫌がられるのではないか」

「悪目立ちするのではないか」と周りの反応を気にしてコメントを躊躇する人も多いので、こちらから積極的にコメントを促します。

「質問があれば、コメントに書いてください」と質疑応答の時間を設けるのもよいですが、さらにハードルを下げて書きやすくするために、「"ライブ"という単語を書いてください」とコメントのキーワードを指定するのも一つの手です。コメントを書くのが当たり前の環境を整えます。

また、コメントを書く動機づけをすると、より書いてもらいやすくなります。

「"パレートの法則"という言葉を忘れないために、"パレートの法則"と今、書いてみてください」とすれば、書くことで自分に利益があると感じて書いてもらいやすくなります。

ライブは実施すること自体が重要で、次にその内容を有益にすることが大切です。

最初は自分のためにやるという意識からはじめ、徐々に視聴者の目線で話すようにしましょう。

ライブ配信で使えるテクニック

ライブでは表情、声、話し方も重要な要素です。

出演者のキャラクターにもよりますが、淡々と話すより

も表情豊かに明るく話すほうがポジティブな印象を与え、好感度が高まります。

また、画面に動きがあるほうが退屈しにくいため、身振り手振りを交えるとよいです。

ゆっくり話すよりも、**自分が思う速さの1.2～1.5倍程度で話す**と、より多くの情報が伝わり、視聴者が飽きにくくなります。

さらに、ライブでは一方的に話すのではなく、「なぜこれが大切だと思いますか？」といった問いかけを適宜入れると、視聴者も会話に参加している感覚が強まります。

ライブの主な目的は交流なので、コメントを促しつつ、それらに反応していきます。

その際、コメントへの反応の仕方も意識してください。コメントが来たときは、**自分が想像する以上に約1.5倍程度の大きなリアクションをする**と、視聴者の気持ちも高まります。

ほめるのも効果的で、「○○さん、素晴らしい質問をありがとうございます」と言われると、視聴者はうれしくなり、ライブ配信をより楽しむようになります。

ただし、何事も大げさにしすぎると、不自然に見えることもあるので注意してください。

嘘のリアクションは視聴者にすぐ見抜かれます。リアルな感情を伴った反応をするには、**相手に興味をもつこと**です。

第5章　誰も教えてくれないSNSで飛躍するための正しい活用方法

相手のことを知りたいという気持ちで接すると、自然と反応も大きくなります。

　ライブ配信に臨む際は、自分を知ってもらうだけでなく、相手を知ることも意識しましょう。

　ライブ配信の初心者は、注目を集めたいと思ったり、面白く見られたいと思ったりして、キャラクターをつくり、演じてしまいます。

　しかし、**ライブ配信では素の自分を見せる**ことが大切です。過度にキャラクターを演じる人とは、視聴者も交流の仕方に戸惑うでしょう。

　また、他のSNSと同様に、視聴者が不快に感じるような発言は控えましょう。

　SNSでは投稿を見直す時間がありますが、ライブ配信では即座に反応する必要があるため、普段の考えが思わず口から出てしまうことがあります。日頃からユーザーに誠実に接することを当たり前とする姿勢が、最良の対策となります

　ライブの頻度は**週1回、長さは1時間程度がおすすめ**です。

　回数が多すぎると継続が難しくなり、いつもやっているから見なくてもいいと思われる可能性があります。

　1時間程度なら途中参加もしやすく、見逃す人も少なくなります。

長すぎると集中力が続かず、放送が中だるみしてしまいます。ダラダラとした放送になると、二度と見てもらえなくなるため、ベストなパフォーマンスが出せる1時間で設定しましょう。

　ライブ配信は、YouTubeやInstagramで行えます。Instagramの場合はスマートフォン1台で完結するため、簡単に配信できます。

　YouTubeの場合、チャンネル登録者数が1,000人に達していないと、パソコンからの配信のみとなり、スマートフォンでは配信できません。

　配信プラットフォームを選ぶ際は、第1章、第2章を参考に、ターゲットとなる視聴者の属性に合わせて選択していきましょう。

成果を確認する数字の見方

検証してこそ成果がわかる

SNS運用では、数字を見ながら施策を改善する必要があります。

数字の分析により、施策の問題点や成果を可視化でき、現在の方向性が適切かどうか判断できるのです。各SNSの無料分析ツールを利用して、これらの数字を確認できます。

成果は、**各投稿の個別の反応とSNS運用全体**の2つの観点から評価しましょう。

投稿の反応を測るエンゲージメント率

投稿の効果を判断する際、エンゲージメント率が重要な指標となります。

エンゲージメントは「いいね」「リツイート」「シェア」など、SNSの投稿に対するユーザーの反応のことで、エンゲージメント率とは投稿に示された反応の割合のことです。

エンゲージメント率が高いほど、ユーザーが積極的に反

応している証しです。これは共感や興味の度合いを示す指標でもあります。**SNSではエンゲージメント率が高いほど投稿が拡散されやすく、ファンや売上の増加につながります。**

また、エンゲージメント率の高い投稿を把握しておくと、人気コンテンツの作成やコンテンツの再利用に役立ちます。

エンゲージメント率は、基本的に「(エンゲージメント数÷インプレッション数)× 100」で算出します。インプレッションとは、投稿が表示された回数を指します。

ただし、エンゲージメント率の計算方法は各SNSで異なり、企業によってもエンゲージメントの定義が違います。

Xの場合は細かい反応までアクションを一括で集計してエンゲージメントとして表示されます。

Instagramにはエンゲージメントが表示されないため、自分で指標を決める必要があります。Instagramで不特定多数のユーザーに表示されやすくなる主な指標は「いいね」「コメント」「保存」「シェア」の数になるため、こちらをエンゲージメントとしてカウントするとよいと思います。なお、「シェア」に関してはエンゲージメントに含まないで計算する人も多いです。

Facebookの場合、一般的にインプレッション数ではなく「リーチ」を用いて計算します。リーチとは、投稿を見たユニークユーザーの数を指します。インプレッション数と異なり、リーチ数は同じユーザーが複数回投稿を見ても

1回としかカウントしません。

　エンゲージメント率が低い場合、コンテンツを見直すことで反応のよい投稿を提供できます。

　エンゲージメント率は商材や各 SNS によって異なりますが、一般的に 1% 前後が目安となります。自分の投稿の中で比較し、反応のよいものを参考にしていきましょう。

　YouTube、TikTok でもエンゲージメント率を算出できますが、視聴維持率（視聴者がどれだけ長く動画を見ているかを示す指標）を確認するほうが手軽でおすすめです。

　視聴維持率が高いほど、ユーザーが離れにくい魅力的なコンテンツであることを意味します。視聴維持率が低かった場合に、コンテンツの改善を検討するとよいでしょう。

SNS 運用全体の成果を確認する方法

　各投稿の品質を見直す際はエンゲージメント率ですが、SNS 運用全体がうまくいっているかを確認しようとすると、見られる数値が多すぎて混乱するかもしれません。

　ただ、成果が出ているかどうかを確認するには、売上に近い数値から順番に見ていけばよいです。私の場合は以下の 3 つを見ています。

- SNS アカウント経由の売上
- リンククリック数
- プロフィールの閲覧数

この３つを見ることで、現状の課題が大まかにわかります。

　SNSアカウント経由の売上が目標に届いているなら、SNSアカウント運用がうまくいっているといえます。

　リンククリック数は、SNSアカウントから誘導したいページのリンクがクリックされた回数のことです。

　リンククリック数が少ない場合は、プロフィールの内容やリンクへの誘導の仕方に問題がある可能性があります。リンククリック数が多くても、売上が少ない場合は商材や誘導したページに問題がある可能性があります。

　プロフィールの閲覧数が少ない場合は、そもそも発信が届いていない場合があるので、投稿内容の見直しが必要です。

　これらの指標は定期的に確認し、分析することで、SNSアカウントの運用の成果を正確に把握できます。

これからのSNSマーケティングの動向を考える

動画・ライブの時代へ

　SNSの歴史を振り返ると、初期はテキストベースのコミュニケーションが主流でした。

　スマートフォンの普及と通信環境の進歩により、画像共有が可能なSNSが台頭し、さらに動画コンテンツが主流となっていきました。

　SNSは技術の進化とともに、より情報量の多いコンテンツを取り込む形で発展してきたのです。

　動画コンテンツはまだ発展途上の段階にあり、今後さらに成長が期待されるジャンルです。早いうちからYouTubeにも取り組むことで、将来有利に立ち回りやすくなります。

　そして、**今後最も注目すべきは、ライブ配信**です。

　日本人の消費スタイルは時代とともに変化しています。高度経済成長期には、多くの人が商品の所有を重視してモノを買っていました。

　その後、インターネットの普及により何でも簡単に購入できるようになると、所有することの価値よりも商材を通して「**体験を得る**」ことに重きが置かれるようになりま

した。

しかし、SNSで体験をシェアすることが一般的になったため、多くの体験が既視感を伴い、満足感を得られにくくなっています。

そこで、スポーツ観戦、音楽ライブ、コラボカフェなど、**「今そこでしかできない体験」**への価値が高まっています。

この欲求を満たすのがライブ配信です。ライブ配信でコメントを通じて交流することは、まさに「今そこでしかできない体験」であり、現代のニーズに合致しています。

ライブ配信がより一般的になる前の今こそ、取り組む絶好の機会です。ファンベースの構築にも適しているライブ配信に、ぜひチャレンジしてみてください。

SNSの本質は変わらない

SNSのトレンドは目まぐるしく変化し、新しいプラットフォームが次々と登場しています。

しかし、SNSの本質的なテクニックや特徴は不変です。

2023年6月、テキストベースの交流を主とするThreadsが登場しました。初期ユーザーを観察すると、すでにXで成功を収めている人が多く見受けられました。

これは、一つのSNSで成果を上げれば他のSNSでも成功しやすくなるという原則が、主要6大SNSだけでなく、今後登場する新しいプラットフォームにも適用されることを示しています。

むしろ、SNSに不慣れな人は、新しいプラットフォームへの対応が遅れがちです。

一方、長期的な運用経験があれば、時代の変化を体感的に理解できるようになります。これにより、**先を見越した効果的な戦略を立てることが可能**になります。

SNSの基本的な手法はすでに確立されており、新規参入者が直感だけで成果を上げるのは困難です。

このSNS文化に適応するためにも、できるだけ早く参入することが重要です。

磨き続けることがカギ

また、**SNSはありのままを拡散するツール**であり、この特性は今後も社会から求められる価値となります。

取り繕ったキャラクターは見抜かれ、炎上につながりかねません。ライブ配信が流行し、素の姿での発信が好まれる現状では、偽りはますます忌避されやすくなっているといえます。

つまり、自分が大切にしてきた価値でしか戦えないため、**今後のSNSマーケティングで生き残っていくには、その価値を磨くしかない**ということです。

そして、その価値を伝えるためには、まず**自分自身がその理念を極限まで理解している必要**があります。自分が大切にしている価値を細部まで把握するには、常に自問自答することです。なぜこの行動をしたか、そしてどのような

結果になって、そこから何を感じたのか。経験から感じとったことを分析することで、他の人とは違う唯一無二の価値にしていくのです。

　磨き上げた価値は相手に伝わる形で発信する必要があります。

　そのため、**共感力も同時に求められます**。共感力とは、他者の感情や意見に寄り添う能力のことです。

　共感力を高める方法は、人に興味をもつことです。発信者である自分が主役だと考えがちですが、マーケティングでは、実はユーザーこそが主役だという考え方を軸としてもつべきなのです。

　相手の立場を十分に理解し、たとえ自分とは異なる意見や、興味のない話題であっても、相手の発言をまずは受け止める姿勢をもちます。

　一般的な考えや主張だからといって、軽視してはいけません。関心を示し、わからないことは質問を重ねていけば、自然と理解が深まっていくはずです。

　経験から学び、成功の要因を分析し、そこからノウハウを確立することで、「自分だけの価値」が生み出せます。

　そうすれば今後の SNS マーケティングの動向に大きく左右されることなく、成果を上げることができるでしょう。

おわりに

　最後までお読みいただき、誠にありがとうございます。

　本書では、SNS マーケティングに何から手をつけていい
かわからない人向けに、SNS の基礎から活用方法、継続す
る方法に至るまで解説してきました。

　SNS のトレンドの変化は激しいですが、成功モデルを
分析することを主軸としているため、時代が変わっても活
用できる SNS の本質的なテクニックをお伝えしました。
仮に新しいテクノロジーにとって代わったとしても、応用
できる内容になっていると思います。

　SNS マーケティングの成功は、売上にもつながります
が、それだけではありません。SNS マーケティングではフ
ァンベースの考え方が定着してきましたが、それはファン
との交流を大切にする施策です。

　ファンとの距離が近く、ピンチのときにも助けてもらえ
る感覚は、気持ちの面でも満たされる部分が大きいです。
ファンベースではありのままの姿を発信することが求めら
れます。そんなありのままの自分を数ある競合の中から、
選んでもらえることはありがたいことなのです。

　実は、SNS マーケティングをする以前は、約 300 万円の
借金を抱え、家賃 2 万円の物件に暮らす、超貧乏生活でし

た。食費は 10 円単位で切り詰め、1 日の食事が納豆 3 パックだったり豆腐 1 個だったりしました。同級生が大学生活を謳歌する中、そんな暮らしを約 3 年間続けていました。

　私は甲子園に出場するほど野球一筋で生きてきた人間で、プログラミングやパソコンにも疎く、IT とは無縁な暮らしぶりでした。プログラミングスクールに通いましたが、いくら勉強しても簡単なエラーを解決することにも手間取り、プログラミングに対するセンスが感じられず挫折。次にブログに挑戦。ブログ教室に通って、プログラミングスクールを紹介する記事を約 300 本書きましたが、ろくな文章が書けず、商品は一切売れません。

　しかし、SNS マーケティングは、何をやってもダメだった私でも成果を収められたものでした。SNS マーケティングに特別な才能や経験は不要で、誰でも成功できるものなのです。

　本書に書かれているのは難しいテクニックではありません。もし SNS マーケティングでどうすればよいか迷ったときには再度この本を見返していただけたらうれしいです。
　そして、「SNS を通じて理想の人生を叶えてほしいな」というのが私の願いです。

　　　　　　　　　　　　　　　　　　　　　荻原朝飛

読者限定プレゼント

40代 50代 SNS超苦手でも
実践できる
超SNS集客術

完全攻略テンプレート 112選

 この度は、本書を読んでいただき誠にありがとうございます。読者の皆さまに向けて、書籍の内容と連動してSNSでの集客が飛躍する特別なプレゼントをご用意しました。ご活用していただけますと幸いです。

特典の入手方法

右のQRコードを
読み取っていただければ、
特典ページへと移動いたします。

お友達登録後、「特典希望」とメッセージを送ってください！

▼コードが読み込めない場合は、下記のURLを検索願います
https://utage-system.com/members/D4yVhrZy2NqM/home

※本特典は著者独自のものであり、出版元は一切関与しておりませんのでご了承下さい。